LES DELICES DE LA CAMPAGNE.

Suitte du

JARDINIER FRANCOIS,

OV EST ENSEIGNE' A preparer pour l'usage de la vie, toutce qui croît sur Terre & dans les Eaux.

Dedié AVX DAMES ME'NAGERES

SECONDE EDITION.

Augmentée par l'Autheur.

A AMSTELDAN,

Chez RAPHAEL SMITH
M. DC. LV.

EPITRE AVX DAMES

MES DAMES,

J'ay toûjours fait tant d'estime de votre vertu, qui est particulierement loüable, à cause de l'habitude que vous vous estes acquises à perseverer dans le travail, reiglant se

EPITRE

bien vôtre famille, que vous faites admirer par toute la conduite de vôtre gouvernement; & je suis si fort porté à vous honorer, quand je considere que c'est par vostre œconomie que les maisons non seulement subsistent dans la spleindeur de leur lustre, mais encore augmentent de beaucoup par le bon ordre que vous y apportez; Car veritablement, Messieurs vos maris se peineroient en vain pour acquerir beaucoup de biens, si vous ne les dépenciez utilement, & ne les mettiez à profit; les exemples des DAMES MESNAGERES, auprés de celles qui ne peuvent, ou

AVX DAMES.

ne veulent s'ingerer de conduire leur ménage, nous font assez discerner le prix des unes & des autres; c'est pour vous que le Sage inspiré du S. Esprit a proferé de si beaux Eloges, vous appellant femme forte; & il ne s'est pas contenté de vous nommer de ce beau nom de forte, qui comprend toutes les bonnes qualitez d'une femme Heroïque, il a voulu d'abondant particulariser sur quantité de vos bonnes actions, témoignant par beaucoup de loüanges, l'estime qu'il fait de celles qui merite ce beau tiltre d'honneur : C'est pourquoy persuadé par un si grand témoin,

EPITRE

aussi par l'inclination toute particuliere, qui me fait vous cherir & honorer à la distinction des autres moins courageuses; j'ay estimé qu'il estoit plus que raisonnable de contribuër à vos soins de tout mon pouvoir, & autant que la curiosité insatiable que j'ay eu toute ma vie, de sçavoir un peu de tout, m'a pû apporter de connoissance: Je vous ay dressé ce petit Livret qui s'intitule, LES DELICES DE LA CAMPAGNE, à cause que de tous les sens, il n'y en à point de plus delicieux, ny de plus necessaire à la vie que celuy du goust, & où il se trouve plus de

AVX DAMES.

diversitez; vous y verrez tout ce que l'œconomie, le ménagement & l'espargne peuvent souhaitter, en joignant l'usage de tout ce qui s'y se receüille à la Campagne à la volupté du goust: j'ay creu que ce seroit une trop grande indiscretion à moy, si vous ayant dedié nostre JARDINIER FRANÇOIS, je ne veus en offrois la suitte. il a esté si bien receu sous vostre faveur; qu'en deux ans & demy nous avons esté obligez de le réimprimer pour la cinquiéme fois; continuez moy (s'il vous plaist) vostre amitié en aprouvant ce second petit œuvre, & l'estimant ainsi

EPITRE

que vous avez fait le premier; vous augmenterez de plus en plus mon courage à vous donner mes soins & mes veilles, pour vous en preparer un troisiéme que j'espere qui ne vous sera pas moins utile que ces deux premiers; recevez donc favorablement le present que je vous fais de ce que j'ay veu pratiquer par les plus experimentez de nos François, & pardonnez aux manquemens que vous y remarquerez, quoyque j'y aye apporté toute la curiosité possible à les éviter; excusant les deffauts de celuy qui à toûjours estimé pour de grandissimes faveurs, toutes oc-

AVX DAMES.

casions qui se sont presentées de vous faire connoistre la forte passion qu'il è toûjours euë d'estre estimé.

MESDAMES,

à Paris le 12. jour
d'Aoust 1654.

Vôtre tres-obeissant serviteur,
R.D.C.VV.E.D.N.

PREFACE

AV LECTEVR.

Mon Cher Lecteur,

Il y a plus de deux ans que j'avois dessein de vous faire voir cette suitte de nostre Jardinier François, si les divisions & partialités des Guerres civiles qui incommodoient cét Estat, & sembloient le menasser de ruine, ne m'en eussent osté entierement le temps, & diminué beaucoup de l'affection que j'avois à m'y appliquer, pour les incommoditez & pertes qu'elles m'ont causées: mais aussi tost qu'il a pleu à Dieu de pacifier le dedans de cette Monarchie, & mon dernier retour de Paris m'en don-

PREFACE

nant le loisir, j'ay pris à cœur de m'y appliquer avec une ardente affection; c'est ce que je vous fais voir à present dans le desir que j'ay, que vous y puissiez profiter, mon dessein estant de vous faire gouster de tout ce qui se recueille en la Campagne, tant aux jardins, & basse-court, que hors de la maison, soit sur terre, dans les forests, & eaux, tant douces que sallées; vous trouverez sans doute que ce travail n'est pas petit, car j'ay pris peine à m'expliquer si nettement, que je crois sans vanité m'estre rendu aussi intelligible que vous le pouvez souhaitter; J'ay essayé aussi à épargner vostre bource autant qu'il m'a esté possible, en évitant beaucoup de profusions qui n'apportent aucune délectation au goust, & dans lesquelles Dieu est plûtost offencé que glorifié, & remercié de ses liberalitez: toutefois comme il est bien difficile de faire de beaux habits avec des étoffes communes, & de bien travailler sans que

AV LECTEVR.

l'on soit assorty de tout ce qui est necessaire pour perfectionner un ouvrage; aussi ne m'estoit il pas facile de bien chatoüiller vostre goust, si je ne vous traittois qu'à l'ordinaire, qui seroit pour subvenir seulement à vostre nourriture: mais surpassant mes intentions, je me suis parfois emporté au delà de mon dessein, & vous ay fait voir jusques où và l'excez de la delicatesse: car comme j'écris pour toutes sortes de personnes, & que je ne puis prescrire aucune dépence à qui que ce soit, vous ne vous en servirez qu'entant que vostre revenu le pourra permettre sans vous incommoder, & laisserez aux grands faire les grandes dépences, ausquelles il semble qu'ils soient obligez pour entretenir le lustre de leurs maisons: je seray plus que satisfait de mon travail si je fais connoistre à un chacun de qu'elle maniere les biens de Dieu se preparent pour l'usage de la vie; & le goust qui leur est le plus convenable, quoy qu'au-

PREFACE

tant de personnes en ayent autant de differens, ce qui donne lieu à l'indûtrie des hommes de déguiser quantité de viandes pour satisfaire à la sensualité, & reveiller les appetits lassez des vivres ordinaires, vous vous en servirez autant que par vostre prudence vous le jugerez raisonnable ; & si dans cette seconde impression j'ay encore obmis quelques sujets, (quoy que je l'aye de beaucoup augmentée, ainsi qu'il se pourra remarquer) j'y adjousteray à mesure que l'on le r'imprimera, ainsi que je fais à nostre Jardinier François, A Dieu.

TABLE

Des principaux subjets de ce Livre.

LIVRE PREMIER.

Du Pain.	fol. 1
Pain du commun.	6
Pain bourgeois.	11
Pain de Chapitre.	12
Pain de Gonesse.	ibid.
Pain à la Mousture.	14
Pain d'Espric.	15
Pain de Gentilly.	ibid.
Pain de citrouille.	ibid.
Pain Benit & brioches.	16
Pain à celebrer la Messe.	19
Petit métier & oublyes.	20
Goffres au sucre.	21
Goffres au fromage.	22

TABLE.

Biscuit de Roy. 23
Biscuit de Piedmont. 24
Biscuit de Savoye. 25
Maccaron. 26
Eschaudez aux Oeufs & Cornuaux. 27
Eschaudez au beurre. 28
Eschaudez au sel & à l'eau. 29
Gasteaux molless. 30
Gasteaux d'Estampes ou fraisez. ibid.
Gasteaux de Milan. 31
Gasteaux verolez. 32
Paste de feüilletage. ibid.
Paste de façon à faire tartes. 33
Paste Royalle. 34
Paste bize pour la venaison. 35
Paste fine pour Liévres, & autres chairs. ibid.
Farce au formage pour tartes. 36
Talemouse bien délicate. 37
Ratons. 38
Farce de cresme. ibid.
Farce de darioles, & flans. 40
Tourte de moelle. 41
Doze des espices pour toute sorte de pa-
 -tisserie & cuisine. 42
Tourtes d'herbes. 43

Ibid-

TABLE

Fueillentine.	44
Rissoles fueilletées,	45
Pastez à l'Angloise,	46
Rissoles à frire.	ibid.
Gasteaux d'amandes.	47
Petits choux & poupelains.	48
Du vin.	49
Vin paillet & tendre.	50
Vin de mere goutte ou de rosée.	54
Du vin ferme ou de garde.	55
Du vin blanc	60
De la garde des vins.	63
Des rapez.	69
Du vin-aigre.	73
Du verjus,	81
De l'hipocras.	ibid.
Du rossolis, populo, aigre de cetre, malvoisie, & autres boissons precieuses.	83
De l'eau clairette.	85
De la limonade.	87
Du cidre.	89
Du bouillon.	93
De l'hidromel.	95

E

TABLE

LIVRE SECOND.

Des Racines.	99
De la bette rave.	100
Des carrotes & panets.	101
Des Salsifix communs.	102
De la scorsonnere, ou salsifix d'Espagne.	103
Des salsifix sauvages.	105
De la rave ou petit raifort.	106
De la rhée ou rabe.	107
Des raiponces.	108
Des navets.	ibid.
Du persil.	109
Des cheruis.	111
Des taupanambous, ou pommes de terre.	ibid.
Des truffes.	112
Des champignons.	115
Des mousserons.	117
Des morilles.	118
Des melons.	119
Des concombres.	120

TABLE.

Des citroüilles, potirons, bonnets de Prê-
tre, trompettes d'Espagne, & autres
fruits semblables. 125
Des choux de toutes sortes. 126
Des laictuës. 132
Des artichaux. 133
Des asperges. 137
De la chicorée. 140
De la cicorée sauvage. ibid.
Du porreau. 141
Du cerfueil. 142
Du cerfueil d'Espagne, persil de Macedoi-
ne, scelery ou apis. ibid.
Des menuës herbes de toutes sortes pour
les sallades. 143
De l'oZeille. 144
Du pourpier. ibid.
Des espinards. 145
De la bette carde. 146
Des poix de toutes espeses. 147
Des lentilles. 155
Des féves. ibid.
Des féves-rottes. 153
Du ris. 156
De l'orge mondé. 158
Des pommes. ibid.

TABLE.

Des poires. 196
Des pesches & pavies de toutes sortes. 162
Des noix. ibid.
Des amandes. 163
Des marons & chastaignes. 194
Des nefles, & autres fruicts mols. 166
Des oeufs. 167
Des oeufs à la coque. 169
Des oeufs pochez, ou au miroir. 173
Des omelettes. 175
Du flan. 179
Des oeufs mignons, ou à la Portugaise. 180
Des nulles. 182
Des oeufs filez. 183
Des oeufs au verjus. 184
Des beignets. 185
Du laict, & de son beurre. 189
Des formages. 196
De la brousse. 205
Des cresmes façonnées. 206

LIVRE TROISIESME.

De la volaille de Court. 217
Des paons, faisans, gelinottes

TABLE.

de bois, & autres oyseaux semblables. 230
Des poulets d'Inde, ibid.
Des oisons. 234
Des canars. 239
Des pigeons. 243
Des perdrix. 257
Des beccasses beccassines, & autres petits gibiers. 260
Du veau & boeuf. 263
De la gelée. 276
Des moutons & chevreaux. 292
Du porc. 302
Du lièvre. 314
Des lappins. 315
Du sanglier. 317
Du cerf, chevreüil, & autres venaisons. 320
Du poisson. Les carpes. 321
Du brochet. 330
Des perches, bresmes, gardons & chevesnes. 331
Du goüin & autres petits poissons. 336
Du barbeau. 337
De l'anguille. ibid.
De la lamproye. 3

TABLE

De la tanche. 341
Des escrevisses. ibid.
Des limaçons. 344
Des grenoüilles. 346
De la truitte, du saumon, & du beccar. 347
De l'aloze. 320
De la plie. ibid.
Des autres poissons plats. 321
De la dorade, des grenets & rougets. 352
Des vives. 353
Des macquereaux. 356
De la raye, de l'ange, chien de mer, & autres. 357
De l'esturgeon. ibid.
De la moluë, aigrefin, & merlen. 357
Du hareng. 328
Du marsoin. 359
Des mulets, sardines & autres. 360
Des esplans dits esperlans. ibid.
De la macreuze. 361
Des anchoirs. 362
De la gelée de poisson. 363
Des oustres. 364
Des moules. 368
Des homars, congres, crabes, escrevisses

TABLE.

de mer, & autres poiſſons armez. 378
Des trippes de moluë.   ibid.
Inſtruction pour les Feſtins.   375

F. I. N.

LES DELICES DE LA CAMPAGNE.
LIVRE PREMIER.

DV PAIN.

CHAPITRE PREMIER.

E plus neceſſaire de tous les Alimens, que la Divine bonté a créés pour l'entretien de la vie de l'homme, c'eſt le Pain ; ſa benediction s'étend tellement ſur cette nourriture,

A

que jamais l'on ne s'en dégoute; & les Viandes les plus precieuses, ne se peuvent manger sans Pain. Ce sera donc par où nous commencerons nostre œuvre, que par la maniere de faire du Pain, de toutes les sortes que l'on le façonne à Paris, comme dans le lieu, où il se rencontre des Hommes de toutes Nations, & Provinces, qui d'une commune voix demeurent d'accord, qu'à Paris il se mangent le meilleur Pain de tout le monde.

Pour faire de bon Pain, non seulement les bons Bleds, sont preferables aux moindres; mais encore il est necessaire que le Moulin, les Eaux, le Four, & la Façon y contribuent.

Quand aux Bleds : le pur Froment, bien net, bien nourry, & de belle couleur, est celuy que nous devons estimer par dessus les autres grains : comme Seigle, Avoine, Orge, Pois, Feves, Vesses, & autres grains que les pauvres gens mettent dans leur Pain pour le bon marché.

Le bled qui croist sur les Terres graveleuses & legeres, duquel le Thuiau est gros & fort, se trouve estre bien meilleur à faire du Pain, que celuy des Terres Foncieres & franches, dont le Bled est sujet à verser, & qui a le Thuyau long & veufle.

Le Bled nouveau, fait toûjours le Pain plus agreable en couleur, plus grugeant, & de meilleur goust que le Bled vieil: mais aussi il rend plus de Son à cause que le Bled vieil à force de le remuër dans le Grenier, vse son écorce qui s'en va en poudre.

Pour le Moulin, il n'importe qu'il soit à Eau ou à vent; mais vous choisirez celuy qui moudra le plus promptement; d'autant que cette précipitation écache mieux le Bled, sans mouldre le Son, que ne fait celuy qui est lent à travailler; & le Mouslin rebatu de nouveau, (pourveu qu'il y ait passé seulement un septier de Bled avant le vostre) fera encore mieux, que quand il est viel rebatu;

c'eſt pourquoy ſi vous avez cette commodité là, mettez au Mouſlin autant de Bled que voſtre famille en peut conſommer en un Mois, car la Farine vieille mouſſuë, fait beaucoup plus de profit que l'autre qui mouluë de nouveau : vous aurez des Huches & Futailles où vous la ferrerez & couvrirez bien, tant pour la propreté, que pour la garentir de l'évent; & dans les grandes chaleurs de l'Eſté vous la mettrez à la Cave, ou en autre lieu frais, elle s'y conſervera parfaitement bien.

Pour les Eaux, leur bonté eſt tellement neceſſaire, que c'eſt une des principales parties qui rend le Pain excellent; nous en voyons l'experience à Paris, où le Pain qui ſe fait à la façon de Goneſſe, quoy qu'il ſoit travaillé par les meſmes Boullangers, & avec le meſme Bled : neantmoins il eſt de beaucoup moindre en beauté & bonté, que celuy qui ſe fait ſur le lieu : c'eſt pourquoy il faut croire de necessité, que les Eaux du Païs y contribuent entierement.

Il y a de quatre sorte d'Eaux ; sçavoir, de Riviere, de Fontaine, de Puis, & de Pluye qui se conserve dans les Mares & Cisternes ; Vous poserez une Pinte de chacune, & prendrez de la plus legere comme la meilleure, si toutefois vous en voulez faire l'essay par le Pain, ce sera le plus asseuré moyen de juger de sa bonté.

Pour le Four, il est besoin que le bastiment en soit épois, & ait bon corps de Maçonnerie, tant dessus que dessous, & autour, qu'il soit estroit d'entrée, bas de Chapelle, (qui est la voulte,) & qu'il soit chauffé bien également, & de longue-main, afin que la chaleur penetre dans les Murs les éclats de gros bois sec, & particulierement de Hestre, sont beaucoup meilleurs que le fagot, ny autre chauffaille, à cause qu'elle fait trop de cendres, qu'il faut souvent oster de dessus l'Atre, pour le chauver bien également comme le reste de l'Atre du Four vaut mieux quand il est fait de Terre franche, que d'estre pavé ou quarelé.

Et pour la Façon ? nous parlerons premierement du Pain du commun, que l'on fera tant meilleur, que plus il y aura de Froment ; neantmoins si vous voulez faire une bonne sorte de Pain pour les Valets, vous mettrez au Moulin quatre minots de Bled bis, & un minot d'Orge ; (qui est environ la Fournée, & le ferez bluster au gros Blusteau.

De cette Farine, vous en prendrez environ un Minot sur les dix heures du Soir, & la mettrez en levain, que vous couvrirez bien avec de la mesme Farine.

Pour la destremper, il faut qu'en Hyver, l'Eau soit la plus chaude, que vous la pourrez souffrir à la main ; en Esté, suffira qu'elle soit un peu tiede, & ainsi à proportion dans les deux autres saisons temperées.

Le lendemain au point du jour

DE LA CAMPAGNE. 7

vous mettrez le reste de vostre Farine en levain, & pestrirez le tout, brassant long-temps vostre Paste, en la tenant assez ferme ; car tant plus molle elle seroit, tant plus vous auriez de Pain ; mais aussi tant-moins vous dureroit-il, d'autant qu'il s'en mange beaucoup plus quand il est leger, que quand il est ferme.

Vostre Paste estant bien paistrie, vous la retournerez dans la Huche, mettant le dessus dessous, & enfoncerez vostre poing dans le milieu de la Paste, jusques au fond de la Huche, en deux ou trois endroits, & couvrirez bien de sacs & couvertures.

Quand au bout de quelque temps (plus en Hyver, & moins en Esté,) vous regarderez à vostre Paste, & que vous verrez vos trous entierement bouchez ; c'est une marque que la Paste est assez revenuë, alors vous ferez chauffer le Four par une seconde personne, (car il est presque impossible, qu'une seule puisse entendre au

A iiij

Four & à la Paste) vous la diviserez par morceaux, & les ferez d'environ seize livres de pois chacun, ou un peu plus ; puis vous tournerez cette paste en pain, & la coucherez sur une Nappe, y faisant quelque pris entre chaque pain, de crainte qu'ils ne se baisent en se parant.

Vostre Four estant chaud, ce que vous reconnoistrez quand frottant un baston contre la Chappelle, ou contre l'Aîre, vous verrez qu'il se fera de petites estincelle : c'est un indice qu'il est chaud, alors vous cesserez de la chauffer, & ôterez les Tisons & Charbons, rangeant quelque peu du Brasier à une rive prés la bouche du Four, & le nettoyerez avec la patoüille qui sera faite de vieil linge, laquelle vous moüillerez dans l'eau claire, & la tordrez avant que de patoüiller, puis vous le boucherez pour luy laisser abatre son ardeur qui noirciroit le pain, & peu de temps apres vous l'ouvrirez, pour enfourner le plus promprement que vous pourrez, rangeant vos plus gros Pains au fonds & rives du Four finissans d'enformer par le milieu.

Celuy qui chauffera le four, prendra garde de ne pas brusler son bois par tout en mesme Temps, mais il le chauffera tantost d'un costé, tantost de l'autre, nettoyant continuellement les cendres, en les attirant avec le Fourgon.

Le pain estant enfourné vous boucherez bien le Four, & l'estouperez autour avec linges moüillez, pour luy bien conserver sa chaleur : quatre heures apres, qui est environ le temps necessaire pour cuire le gros Pain : vous en retirerez un, pour voir s'il est assez cuit, & particulierement par dessous, ce que l'on appelle avoir de l'Astre, & le heurterez du bout des doigts : s'il resonne, & s'il est assez ferme, il sera temps de le retirer, sinon vous le laisserez encore quelque espace de temps, jusques a ce que vous le voyez cuit, l'experience vous y rendra bien-toſt aſſez connoiſſant: car ſi vous le laiſſiez au Four plus qu'il ne faut apres ſa parfaite cuiſſon, il rougiroit dedans, & ſeroit deſagreable.

Quand vous aurez tiré voſtre Pain, vous le poſerez ſur la partie la plus cuite, afin qu'il ſe rehumecte en refroidiſſant ; par exemple, s'il à trop de Chappelle, (ce qui avient quand on n'oſte pas la cendre en chauffant le Four,) & alors vous le rangerez, mettant le deſſus deſſous, & s'il eſt également bien cuit, vous l'appuyerez contre le Mur, le poſant ſur le coſté qui eſt le plus cuit.

Vous laiſſerez bien refroidir voſtre Pain, avant que de l'enfermer dans les Huches, où vous le poſerez toûjours ſur le coſté: afin qu'eſtant rangé, il ait de l'air également par tout : & en Eſté vous metrez les Huches à la Cave pour preſerver le Pain de moiſir.

Vous ferez toûjours manger les premiers, ceux qui ſeront les plus mal-faits

& les moins cuits, car les plus cuits se rassouplissent avec le temps.

L'Oeconomie veut que l'on aye toûjours une fornée entiere de Pain rassis, quand on en fait de nouveau.

Pour faire le Pain des Bourgeois ou Pain des Maistres, vous mesurerez de la Farine ce que vous en voudrez cuire, en prendrez une sixiéme partie que vous mettrez en levain, & ferez un trou à la Paste avec le Poing, ainsi qu'au Pain du commun : quand il sera revenu, vous le rechangerez d'encore autant de Farine que vous destremperez avec ce levain, & le laisserez encore revenir & aprester comme devant; estant prest, vous y meslerez le reste de vostre Farine y mettant de l'Eau à proportion, & laisserez encore revenir le tout, puis vous tournerez le Pain, & le gouvernerez comme le precedent.

Notez que la plus belle fleur de Froment fait le meilleur Pain; que le plus nouveau fait est le plus agreable; que tant plus la Farine est blanche, tant plûtost il se passe de bonté; & que tant plus il est paistry ferme, tant plus aussi il conserve sa bonté.

A Roüen & aux environs, il se fait du Pain de tres-bon goust, avec le pur Froment mouflu sans estre bluté, apres il semble rude d'abord à ceux qui n'ont pas accoustumé d'en manger, mais on s'y habituë facilement, car il fortifie le Corps, & fait bon ventre.

Le Pain de Chapitre se fait de la mesme Paste que le Pain Bourgeois & se paistrit toujours ferme, & long-temps; mesme il y a quelques Boulangers qui mettent leur Paste sous la broyoire.

De cette mesme Paste aussi se font les Pains hauts qui s'enfournent fort pressez, (qui sont les Chef-d'œuvres des Boulangers de petit Pains) ceux que l'on couppe par moitiérs, & autre de diverses forme, gros & petits.

Du Pain de Gonesse, il s'en fait de Bis & de Blanc, & aussi de toutes grandeurs : Vous prendrez six boisseaux de Farine, desquels vous en mettrez un en levain ; sur les huit heures du soir, vous y mettrez encore autant de Farine ; (cela s'appelle rafraîchir le levain) & le lendemain au matin dés le point du jour vous ferez la Paste, & vous y adjousterez le reste de la Farine, que vous paistrirez fort molle, puis vous tournerez le Pain, & le mettrez dans des jattes de bois poudrées de Farine, de crainte qu'elle ne s'y attache : Quand le Pain sera reparé, pour l'enfourner vous le renverserez dans un autre Sebile, afin qu'en le versant sur la Paesle la parure soit dessus.

Le petit & le plus leger se fait en prenant la sixiéme partie de la Farine que vous voudrez cuire, la mettant en levain avec de la Leveure de Biere bien nouvelle, & quand le levain sera prest, vous le remoüillerez ou remanierez en la changeant de Farine comme le Pain Bourgeois, & le laisserez parer pour la seconde fois : puis vous Paistrirez le tout bien mollet, tournerez les Pains & les mettrez sur la Couche que vous plisserez entre deux, de crainte qu'ils ne se baissent, & les enfournerez quand ils seront prests.

Celuy à la Montoron se fait en prenant un Boisseau de la Farine la plus blanche que vous pourrez, duquel vous en destremperez le quart pour faire le Levain, & y mettrez deux fois plein la main de Leveure nouvelle, ou peu moins si elle est vieille & ferme : une poignée de Sel fondu dans l'Eau chaude, & trois chopines de laict, puis une heure apres adjoustez-y le reste de la Farine que vous paistrirez bien molle, tournerez le Pain, & le mettrez revenir dans de petites écuelles de bois, puis l'enfournerez : & quand il sera cuit, vous le tirerez & le mettrez refroidir sur le costé, une heure suffit pour le cuire.

De ce Pain, & de celuy de Gonesse, l'on en fait secher que l'on appelle Biscuit : & pour ce faire on l'ouvre par moitié, on en oste la mie, & on le met au Four, l'ayant enrolé avec de l'Eau de Vie : quelques-uns y mettant du Fenoüil battu dans la Farine, & l'Eau de Vie dés en la deſtrempant : ce Pain eſt bon à manger en beuvant le Muſcat, le Perrochimel d'Eſpagne, ou autre Vin precieux.

Le Pain d'Eſprit ſe fait avec de la plus fine Farine de Seigle, & ſe façonne comme le Pain de Chapitre.

Le Pain de Gentilly ſe fait comme le Pain à la Montoron y adjouſtant un peu d'excellent Bœure frais.

Pour faire le Pain de Citroüille il faudra faire parboüillir de la Citroüille comme celle que l'on veut fricaſſer, & la paſſer à travers un gros linge pour en oſter quelques petits nerfes qui ſont dedans, y adjouſtant de l'Eau dans laquelle la Citroüille aura cuit autant qu'il en ſera neceſſaire pour paiſtrir à l'ordinaire, & en gouvernant voſtre paſte à deux Levains, ainſi que j'ay dit cy-devant, vous ferez de tres-bon Pain, qui ſera un peu gras cuit & jaune, lequel est excellent pour ceux qui ont besoin de rafraichissement, & d'avoir le ventre libre.

Tout pain rassis, estant remis au Four, repare en quelque façon le dechet de bonté qu'il a perduë depuis qu'il a esté cuit; & pourveu qu'il soit mangé promptement, apres qu'il aura esté repassé au Four, il semblera qu'il soit nouveau fait; mais si l'on le gardoit long-temps il se trouveroit qu'il seroit bien moindre qu'il n'estoit auparavant.

―――――――――――――――

Pain Benit, & Brioches.

CHAPITRE II.

IL faut avoir un boisseau de la plus belle fleur de Froment, de laquelle vous en prendrez le quart pour faire le Levain que vous destremperez avec Leveure de Biere & Eau chaude; vous le laisserez revenir dans une jatte de bois qu'aurez fait chauffer, & qu'il faudra

DE LA CAMPAGNE. 17

faudra bien couvrir en Hyver ; pendant qu'il se reviendra vous destremperez les autres trois quarts de fleurs avec Eau fort chaude, pourveu que vous y puissiez durer la main, & y mettrez un quarteron de Sel, une livre de Beurre frais, & un Formage mol, deux heures apres vous rafraichirez le Levain avec cette derniere Paste ainsi que j'ay dit au pain, puis le mettrez derechef reposer dans la jatte, & estant revenu, vous meslerez le tout & le fraiserez long-temps, c'est à dire le paistrirez sur la Table, ou le Tour, avec la paulme de la Main, l'estendant & retournant de tous costez; si vous avez une Broyoire vous l'y passerez apres l'avoir long-temps fraisé auparavant, puis vous le façonnerez sur la paesle, avec laquelle vous le voulez enfourner, & l'y laisserez bien revenir; lors qu'il sera prest, vous le dorerez, & l'enfournerez bouchant bien le Four comme au pain.

Quand il sera cuit, & que vous le

B

tirerez; il faudra le poser doucement sur quelque rond de bois, ou sur un Claion, pour le porter refroidir, crainte de le rompre.

La dorure sera faite simplement avec des œufs battus sans Eau; quelques-uns par ménage y meslent un peu de Miel bien liquide, mais cela oblige à luy donner le Four plus doux.

Pour faire le plus delicat que l'on appelle du Cousin, il faut d'un boisseau de Fleur n'en prendre que le demy quart pour le Levain, & que le reste de la Paste soit destrempée avec trois livres de bon Bœure, deux Formages mol, & demy quartron d'œufs, si la Paste est trop liée y mettre de bon laict: faire le Levain à deux fois, & le gouverner comme cy-devant.

Si vous voulez travailler avec certitude, faites toûjours des essais de ce que vous voudrez faire, c'est à dire mettez en quelque petit morceau au Four, afin que s'il y a manque de quelque chose à vostre fait, vous y puissiez suppléer avant que de façouner le tout.

Pain à celebrer la Messe.

CHAPITRE III.

IL ne faut que deftremper de la plus belle fleur de Froment avec Eau froide, en telle confiftence que vous la jugiez bonne par l'effay que vous en ferez dans les Fers, lefquels vous chaufferez plus devers les branches que par le bout, à caufe de l'efpoiffeur du Fer, & les retournerez fouvent, afin qu'ils chauffent également.

Pour empefcher que la Pafte ne s'attache au Fer, il faudra le frotter legerement avec de la Cire, & l'effuyer avec un linge blanc auparavant que de verfer la Pafte deffus avec une Cueillére à long manche, vous obferverez de retourner voftre Fer des deux coftez à chaque cuiffon, & que ce foit fur un petit Feu clair, en changeant de cofté à chaque fois ; Quand il fera cuit, vous le leverez & le poserez proprement dans une Manne sur une serviette blanche pour le serrer en lieu sec : Quand vous le voudrez couper, il faudra le mettre ramoitir a la Cave sur une Nappe à Terre, avant que de le rogner : & pour ce faire, il y a des compas & Outils propres, desquels vous vous servirés.

Petit Mestier & Oublies.

CHAPITRE. IV.

LA composition de la paste se fait avec une livre de farine, une livre de sucre, deux œufs, & une chopine d'Eau, il faut fondre le Sucre dans l'Eau a froid, & deslayer la Farine un peu ferme avec l'Eau sucrée, puis y mettre les œufs, bien batre le tout, y meslant le reste de l'Eau petit à petit : apres quoy vous y adjousterez une once de bon Bœure frais que ferez fondre avec un peu d'Eau, & le verserez bien chaud dans vostre Paste, meslant le tout bien proprement enfemble vous en ferez eſſay dans vos Fers preparez comme pour le Pain à chanter : ſi elle eſt trop foible vous y adjouſterez la Farine: & ſi elle eſt trop forte, l'Eau : pour le lever, il faut les rouler ſous la paulme de la main en la retirant à vous avec promptitude & les ſerrer ſeichement.

Les Oublyes ſe font de la meſme façon, reſervé que pour épargner le Sucre on y employe de bon Miel.

Coffre au Sucre..

CHAPITRE V.

PRenez huit œufs, ou plus de jaunes ſi vous ôtez des Blancs: une livre de ſucre, & une livre de beurre fondu que meſlerez bien, & battrez enſemble : puis vous y adjouſterez trois quartrons de Farine, que mettrez petit à petit juſques à ce que la paſte ſoit un peu plus forte que celle de Biſcuit : faites en l'eſſay, afin que ſi elle n'eſt aſsez fi:e, vous y adjousti:z le Sucre, & le Bœure ; vous frotterez les Fers avec un morceau de Bœure frais dans du papier, puis avec la cueillere, vous verserez de cette Paste dans vos Fers, ainsi que vous avez fait au Pain à Chanter ; & les retournerez & cuirez, leur donnant la couleur rousse.

Goffres ou Formage.

CHAPITRE VI.

Vous prendrez des petits morceaux de Paste fueilletée,) dont ie vous enseigneray cy-apres la façon) dans lesquels vous enfermerez de petites tranches de Formage fin ; & ayant frotté vos Fers avec le Bœure frais dans le Papier (ainsi que ie viens de dire, (vous poserez dessus vos petits plottons, à distance si convenable, qu'estans cuits, ils se joignent.

Biscuit de Roy.

CHAPITRE VII.

Aut prendre une livre de Sucre, trois quartrons de la plus fine fleur de Froment, & huit œufs: battre le tout dans un Bassin d'Estaim avec une Gasche de bois, tant & si long-temps que cette Paste blanchisse en écume, & y adjoustez du Fenoüil un peu concassé, battant encore long-temps apres: puis vous la dresserez dans des Tourtieres de fer blanc, ou Papier de telle figure que vous voudrez, lesquelles il faudra beurrer de crainte que la Paste ne s'y attache; apres quoy, vous les poudrerez de Sucre battu pour faire la Glace, & leur donnerez le four bien doux, il faudra que le four ait un peu plus de Chappelle que d'Atre, & en ferez auparavant essay crainte de vous tromper.

Si vous le voulez plus delicat, il y faut dix œufs, & oster quatre blancs,

De cette mesme paste un peu plus ferme, il s'en fait un pain de trois doigts de haut comme un de ces gros Pains d'Espices de Rheims, lequel estant un peu reposé on coupe par tranches pour servir sur Table; c'estoit la mode il y a quarante ans, auparavant que le Biscuit de Savoye fut inventé, & on l'appelloit Pain des Patissiers.

Biscuit de piedmont.

CHAPITRE. VIII.

FAut prendre trois œufs frais, que vous battrez a outrance: y adjoutant demy livre de Sucre en poudre bien deliée, continüant toûjours a batre: un quartron de fleur de Froment, & une pincée d'Anis: puis couler la Paste par un Entonnoir de papier Bœuré, mettant les Biscuits un peu loin a loin a cause qu'il couleroient & se pourroient joindre; la glace se fera de moytié Sucre & moitié Farine que vous poudrez dessus
ayant

ayant fait l'eſſay auparavant que de les coucher ſur le papier ; & apres vous leur donnerez le Four bien doux.

―――――――――

CHAPITRE IX.

Biſcuit de Savoye.

C'Eſt la meſme paſte que deſſus mais il ſe fait plus large, le verſant ſur le papier avec la Gaſche, ou avec la cueiller; & apres l'avoir tiré du Four, eſtant un peu froid, il le faut lever de deſſus le papier & le poſer ſur des rouleaux en long, afin qu'il ſoit creux par deſſous en forme de gouttiere, mettant la glace en deſſus.

L'on en pourra couler par l'entonnoir ou la cueiller, en telle figure que l'on voudra ſur le papier, comme en roſes, cœurs, ovalles, ronds, plateaux & autres.

C

CHAPITRE X.

Maccaron.

IL se fait avec une livre d'amandes douces pelées à l'eau chaude, que vous pilerez, les arrosant avec eau rose, de crainte qu'elles ne s'enhuïlent; & quand elles seront si bien pilées que vous n'y puissiez plus remarquer aucun petit morceau ; vous y mettrez une livre de Sucre en poudre, que meslerez bien en pilant derechef, puis ferez cuire la pâte à demy dans un Poëllon, & ajoûterez quatre blancs d'œufs foëttez; aprés quoy vous la tirerez du feu, la façonnerez sur des papiers bien sechez, & la mettrez cuire au Four doux.

Pour le Masse-pain j'en ay amplement écrit dans nôtre Jardinier François, c'est pourquoy je vous y renvoye.

CHAPITRE XI.

Echaudez aux œufs & carnuaux.

A Un boisseau de farine de pur froment, il faut cinq à six douzaines d'œufs, & un poisson de leveure claire, ou moins si elle est épaisse; pour faire le levain, vous détremperez avec eau fort chaude (que l'on y puisse durer la main) un litron de la farine avec la leveure, & vous le mettrez dans une jatte, pour le laisser revenir l'espace d'une heure, pendant lequel temps vous détremperez le reste de la farine avec les œufs, & au bout de l'heure, vous la mellerez avec son levain, y ajoûtant un quarteron de sel, avec trois livres de beure frais fondu, comme pour le pain benist; vous fraiserez bien la pâte avec le talon de la paulme de la main, ou la mettez sous la broyoire, ou au moins sous le rouleau, puis vous façonnerez les Cornuaux, & les baſſinerez dans l'Eau preſque boüillante, & promptement ; ils paroiſtront comme s'ils flottoient ſur l'Eau ; quand vous les aurez plongez deux ou trois fois, vous le retirerez de l'Eau chaude, avec quelque grande écumoire, les jetterez dans l'Eau fraiſche, & les retirerez promptement, les mettant égoûter ſur une claye une ou deux heures, apres quoy vous les rangerez dans un panier ſur une ſerviette blanche pour les porter à la cave ; ils s'y garderont en Eſté au moins quatre jours ſans ſe gâter ny aigrir, ou vous en pourrez prendre ce qu'en aurez de beſoin, pour mettre cuire au four doux.

―――――――――――

CHAPITRE XII.

Eſchaudez au beurre.

A Uboiſſeau de de farine il faut ſix livres de beurre frais, & un quartron de Sel ; faire le levain avec

DE LA CAMPAGNE. 29
un poisson de leveure, & se gouverner comme pour ceux aux œufs, les broyant encore plus.

CHAPITRE XHI.
Au Sel, & à l'Eau.

LE beurre reservé, vous les ferez comme les precedens.

Les Craquelins se font de la mesme paste des Eschaudez au Sel, & s'échaudent & bassinent de mesme, on leur donne la figure d'une écuelle sans bord: quelques-uns se sont avisez de prendre des Craquelins tous cuits, & les mettre dans l'Eau tiede ; tant qu'ils soient bien amolis, apres quoy il les jettent dans l'Eau fraische, puis les retirent, les séchent bien dans une serviette, les font frire à la poësle comme des Soles, & disent qu'ils leur semblent aussi bons, mais j'ay peine à me ranger de leur avis; c'est pourtant un petit mets, qui peut passer dans son déguisement, quand

C 3

on manque de poisson ; de cette mesme
pâte aussi on fait de petits oyselets, tor-
tillons, poupées, & autres figures.

CHAPITRE XIV.

Gâteaux mollets.

FAut prendre un formage mol, demy
livre de beurre frais, presque un litron de farine, & sel à proportion, détremper le tout ensemble avec eau froide, faire un essay pour reconnoître ce
qui y peut manquer, façonner les Gâteaux sur du papier beurré, les dorer &
cuire au four.

CHAPITRE XV.

Gâteaux d'Etampes ou fraisez.

FAut détremper un boisseau de farine
avec de la cresme de laict sans aucune goutte d'eau, laquelle cresme vous
battrez assez-long-temps avec la main

auparavant que de la mesler dans la farine, puis vous y mettrez huit livres de beurre, & un peu de formage, mais faudra tenir la pâte un peu ferme, la bien fraiser, faire essay, façonner les Gâteaux, les dorer, & les cuire.

CHAPITRE XVI.

Gâteaux de Milan.

Pour un boisseau de farine de froment, il faut prendre huit à neuf livres de beurre, & trente œufs, desquels vous osterez six blancs ; détremper le tout avec laict froid en le maniant fort peu, puis l'étendre avec le rouleau, & plier la pâte comme une serviette (c'est à dire) les deux bouts en dedans, juste à juste puis par la moitié, & la r'étendre & replier jusques à quatre fois de la mesme façon, & en prendre un essay, & le mettre au four pour en gouter, s'il paroist trop fin, replier la pâte encore deux fois de mesme que les premieres, façonner le gasteau & le cuire.

CHAPITRE XVII.
Gasteaux verolez.

IL faut prendre de la mesme paste du gasteau de Milan, l'estendre un peu platte; & avant que de cuire, mettre dessus de petits loppins de Formage fin & de beurre.

CHAPITRE XVIII.
Paste de fueilletage.

PRenez douze œufs, & un boisseau de fleur de froment, destrempez les d'Eau froide avec une seule main fort legerement, & que la pâte soit bien molette; puis vous la peserez, & la laisserez reposer un peu de temps, apres quoy vous l'estendrez avec le Main de l'épaisseur du doigt seulement; & y mettrez aussi pesant de beurre que vous aurez trouvé de paste; vous la manierez bien pour l'amollir, &

également par tout ; ce qu'estant fait, vous la plierez en trois comme une serviette, & rabatrez les deux bouts de la largeur de deux doigts seulement, il suffira que le beurre soit enfermé ; puis vous la tirerez sous le rouleau, luy donnant les autres plis comme au gasteau de Milan, & gouvernerez de mesme, tant à l'essay qu'à la cuisson.

De cette paste vous en taillerez des Eschaudez en Lozenges, des Biscuits, (que glacerez de Sucre pour faire un plat de four à la legere, & qui paroisse) des Gasteaux de telle façon que vous voudrez, des bandes ou fleurons de toutes figures pour garnir les potages, & autres plats, ou vous jugerez qu'ils seront les plus convenables.

CHAPITRE XIX.

Paste de façon de faire Tartes.

A Un boisseau de fleur, vous y mettrez six livres de beurre, & vingt œufs, vous destremperez le tout avec eau froide, puis vous la fraiserez promptement, la serrerez dans un linge blanc, & la porterez en lieu frais pour en prendre au besoin quand vous voudrez faire des abaisses de Tartes. Vous noterez que dans toutes les pâtes il faut toûjours un quartron de sel à chaque boisseau de farine, & si le beurre est salé il n'y en faut que demy quartron.

CHAPITRE XX.

Pâte Royalle.

Elle se fait de mesme que la pâte de façon, y ajoûtant force sucre en poudre & de cette pâte se font presque toutes les abaisses de Tourtes de confitures, si l'on ne veut faire la dépence de prendre de celle de Masse-pain.

CHAPITRE XXI.

Pâte bise pour la venaison.

IL faut à un boisseau de farine de seigle ou de bled bien bis, deux livres de beurre, & un quartron de sel, ou si le beurre est salé, il n'y en faudra que demy-quartron, vous la détremperez avec eau, & la serrerez en lieu frais si vous ne l'employez à l'instant mesme : beaucoup de gens n'y mettent point de sel, à cause que cette pâte est si bise que l'on n'en peut manger, & n'estant propre qu'à donner aux Chiens, ce seroit autant de sel perdu.

CHAPITRE XXII.

Pâte fine pour Liévres, & autres chairs.

A Un boisseau de fleur de pur froment, il faut cinq livres de beurre & le quartron de sel à l'ordinaire du boisseau de fleur, ou moitié le beurre estant salé, faire la destrempe & la garder comme la bise.

J'aurois bien mis icy toutes les sortes de pastez, & la maniere de les faire ; mais je me suis reservé d'en traitter en leur lieu qui sera au chapitre des chairs & poissons, d'autant que j'aurois esté obligé de le repeter, ce qui seroit inutile ; je me contente seulement de vous dire les compositions de diverses pastes afin que vous vous en serviez selon que je vous instruiray cy-apres.

CHAPITRE XXIII.

Farce au Formage pour Tartes.

Renez autant de formage mol que de fin, une livre de beurre frais, huit œufs, desquels vous osterez la moitié des blancs, & demy litron de fleur, vous destremperez bien le tout avec Eau froide, en suffisante quantité, puis en ferez l'essay ; si vous la trouvez trop fine vous y adjousterez de la farine : si elle est trop forte remettez y du beurre avec de l'Eau : pour en faire une Tarte : vous formerez une abaisse de paste de façon que vous laisserez un peu haster pour l'affermir avant que l'emplir de cette farce.

CHAPITRE XXIV.

Talemouse bien delicate.

Vous tirerez sous le rouleau un morceau de paste fueilletée que formerez en rond, au milieu duquel vous mettrez de la farce au Formage, & vous fermerez vostre paste par le haut, luy faisant trois cornes, qui est la figure de la Talemouse ; vous en laisserez pourtant quelque peu paroistre au milieu, qui ne sera pas enfermée, afin qu'elle bouffe au four, & prenne couleur en cuisant.

CHAPITRE XXV.

Ratons.

Ils se font en tirant un morceau de pâte de façon en rond, & étendant par tout le dessus de la farce de formage; on les met cuire dans le four, & on les sert bien chauds.

CHAPITRE XXVI.

Farce de Cresme.

Dans demy litron de farine, vous deslayerez quatre œufs, estans bien incorporez avec la farine, vous y ajoûterez encore quatres autres œufs, les mettant l'un aprés l'autre à mesure que vous deslayerez; puis vous mettrez une pinte de laict sur le feu, & quand il commencera à boüillir, vous verserez dedans petit à petit l'appareil cy-dessus dit, en remuant continuellement de crainte qu'il ne brûle, & y ajoûterez un quartron de beurre frais ; & une pincée de sel ; puis vous ferez cuire cette farce un peu moins de demy quart d'heure, la remuant continuellement avec la gasche, de crainte qu'elle ne brûle étant cuite vous la verserez dans un bassin d'estain, la laisserez bien refroidir, la porterez à la cave, & la couvrirez bien, elle s'y gardera au moins six jours sans s'aigrir.

Pour l'employer, vous en taillerez un morceau à la motte, y adjousterez le Sucre en poudre, le maniant bien avec la gasche, puis vous l'estendrez sur l'abaisse de paste de façon qu'aurez laissé au hasle quelque-temps, & vous l'enjoliverez de bandes de la mesme paste, ou de celle de fueilletage, la sucrant un peu par dessus, & apres que l'aurez fait cuire vous la sucrerez encore, degoutant par dessus de l'eau de rozes distilée.

Dans une mesme abaisse, vous y pourrez mettre de la farce de cresme d'un costé, de celle de fromage de l'autre des Fruits confits ou non, de toutes sortes, des tranches de pommes & autres, les assaisonnant de Sucre, écorce de Citron, & autres bons ingrediens; les tranches de pommes seront mises par lits, & faudra poudrer de Sucre à chaque lit, afin qu'elles soient bien confites; vous distinguerez les differences avec des bandes de la mesme paste, les posant dessus en forme de compartimens.

CHAPITRE XXVII.

Farces de Darioles, Flans.

IL faut destremper un litron de farine avec quatre œufs, puis y adjouster une pinte de laict, & du Sel à discretion; les abaisses seront de paste de façon, & les faudra placer dans le Four toutes vuides, l'on mettra l'appareil dans un pot de cuivre qui s'amanche au bout d'un baston, lequel a un Tuyau ou bec pour verser dans les abaisses.

Les

Les flancs se font de mesme sorte excepté qu'il y a plus de Farine.

CHAPITRE XXVIII.
Tourte de Moesle.

Prenez un quartron de belle graisse de bœuf, bien blanche, de laquelle vous ôterez toutes les peaux, & gros comme le poulce de bon lard frais salé, vous les hacherez ensemble fort menu, puis vous ferez fondre un petit morceau de beurre frais, que mettrez dans un plat avec le hachis ; apres quoy vous y adjousterez de l'escorce de Citron confite, que billeterez, (c'est à dire que vous couperez en petits morceaux) quatre jaunes d'œufs, fort peu de farce de Cresme de la façon que j'ay dite cy-devant, ou au deffaut vous prendrez de la Cresme cruë ; un peu d'épice (dont je vous enseigneray la composition : apres ;) si vous avez des amandes pilées comme pour le Macaron, vous y en mettres environ la valeur d'nne douzaine avec un bon demy quartron de sucre, & vous deslayerez bien le tout ensemble dans un bassin d'estain avec la gasche de bois; puis vous foncerez la Tourte dans une Tourtiere de cuivre avec de la paste de fueilletage qu'aurez tirée sous le rouleau, (sans beurer la Tourtiere) apres vous l'emplirez de cette farce, estant à demie cuite, vous le poudrerez de baucoup de Sucre par dessus, & y degoutterez de l'eau rose pour faire (le tout sans la tirer qu'à l'entrée du Four,) puis vous la remettrez achever de cuire, & la servirez la plus chaude que vous pourrez.

CHAPITRE. XXIX.

Doze des Espices pour toutes sortes de Pasticerie & Cuisine.

Prenez trois quartrons de Poivre, Zingembre un quartron, de cloud de Girofle, Muscade, & Canelle, de chacun une once; faut bien battre le tout, & le passer par le Tamis délié, puis y ajoûter cinq livres de sel battu, & mêler le tout ensemble; cette composition est bonne à toutes sortes d'assaisonnemens sans en excepter aucun; & pour ceux qui n'aiment pas l'épice, de ce que vous y mettriez, & recompenser l'assaisonnement d'encore autant de sel que yen auriez mis.

CHAPITRE xxx.

Tourtes d'herbes.

IL faut prendre des épinars, poirée, Arroche, & autres herbes semblables; les éverdumer, (c'est à dire les faire un peu parboüillir dans l'eau,) puis les tirer, les mettre égouter, les bien hacher sous les Coûteaux, & y ajoûter le beurre, les œufs, la Cresme en farce, ou pâte de maccaron, l'écorce de citron, & l'espice comme à la tourte de moelle; faire tout cuire ensemble dans un poêlon, retournant souvent avec la cueillere crainte de brûler, puis vuider cette farce dans un plat pour refroidir; pendant quoy, vous foncerez la tourte de paste de fueilletage, l'enjoliverez, cuirez & glacerez comme la precedente.

Les tourtes de pommes en marmelades, prunes, abricots, coins, melons, & autres fruits, s'assaisonnent & façonnent de même.

CHAPITRE XXXI.

Feuilletine.

VOus prendrez du blanc de chappon ou autre volaille rôtie que ferez hacher bien menuë; & y meslerez de la paste de maccaron cuite ou cruë, de la farce de cresme, de l'escorce de citron hachée bien menuë, ou broyée, avec le Sucre & les autres assaisonnemens convenables; puis vous

DE LA CAMPAGNE. 45

prendrez de la pâte de fueilletage, & en ferez deux ovales ou abaisses; de l'une vous foncerez la tourte, laquelle vous emplirez de l'appareil cy-dessus, & la couvrirez de l'autre abaisse, l'ayant poudrée de Sucre auparavant; par apres vous la mettrez au four, aitant cuite, vous la retirerez à la bouche, & la glacerez de Sucre avec blancs d'œufs foettez meslez ensemble, que vous étendrez dessus avec la gasche; apres quoy vous la remettrez à l'entrée du four pour cuire la glace; & quand elle commencera à roussir, vous la tirerez & la servirez chaude.

CHAPITRE XXXII.

Rissoles fueilletées.

LEt Rissoles de blanc de Volaille se font ou de la mesme composition que la feuillentine, où avec le hachis de volaille, la moelle de bœuf, les raisins de Corinthe, Pignons ou Pistaches broyées, y mettant les épiceries & sucre en quantité: puis il faudra prendre de la pâte de fueilletage, la plier comme pour un gâteau, l'étendre, & couper, mettre vôtre appareil dessus, l'enfermer de sa mesme pâte, la façonner, mettre au four, cuire & glacer comme la Fueillentine.

CHAPITRE XXXIII.

Pâtez à l'Angloise.

IL se fait de mesme que la Rissole, reservé que dans le hachis de volaille l'on y mesle ou le Porc frais, ou le gigot de Mouton, ou le liévre, & autre chairs selon l'appetit d'un chacun.

CHAPITRE XXXIV.

Rissoles à frire.

ELles se font de blanc de Chappon haché avec moëlle de bœuf ou graisse, & fort peu d'épices; la pâte est de façon, & il les faut laisser un peu hâler ou secher à l'air, puis on les frit en sains-doux.

Les communes se font avec de la chair de boucherie, & de la graisse de bœuf.

CHAPITRE XXXV.

Gâteaux d'Amandes.

Faut prendre un litron de farine de pur froment, un quartron d'Amandes pilées, un peu de fromage mol, trois jaunes d'œufs, une poignée de sucre battu, de l'écorce de citron broyée sous le rouleau, un peu de sel, & de la Canelle battuë, vous meslerez bien le tout ensemble, & en formerez le Gâteau que mettrez au four bien doux, sur du papier beurré, à cause que le sucre le feroit attacher au papier ; puis vous le tirerez avant qu'il soit dur, car en refroidissant il durcira assez ; estant bien refroidy, vous le glacerez comme les

Riſſoles de Chappon, & le mettrez au four pour cuire la glace.

CHAPITRE. XXXVI.

Petits choux & poupelains.

ILs ſe font avec des œufs dont vous ôterez la moitié des blancs, fleur de pur froment, formage mol & ſel à diſ-cretion; vous en tiendrez la paſte molle de laquelle vous formerez des petits plottons, & vous les mettrez au four.

Les poupelains ſe font de la meſme pa-ſte, & ſe tirent fort plats, puis ſe met-tent au four ſur du papier beurré; eſtans cuits, on les couppe par moitié, & on les trempe par dedans de beurre fondu bien clarifié, leur en donnant autant qu'il en peuvent boire, puis on les pou-dre de Sucre, & on les remet au four pour les ſecher, en les tirant on y de-goute de l'Eau roſe, & on les rejoint, les poudrant encore de ſucre par deſſus, puis on les ſert promptement pendant
qu'ils

qu'ils font en leur grande chaleur, car, ils se ramoliroient par trop, s'ils estoient rechauffez.

On en peut faire de petits en coupant les petits choux par moitié, & les mettant dans un plat sur le rechaut avec de bon beurre frais, puis quand ils sont bien imbibez, on les poudre de sucre, & on y degoute de l'eau rose, ou autre eau de senteur.

CHAPITRE XXXVII.

DV VIN.

LEs vins qui se boivent à Paris y sont apportez de divers Contrées, tant de France, que des Pays Estrangers, chaque Canton en produisant de differents gousts & séves blancs, dorez, paillets, & rouges.

Ceux à qui les frians donnent leur

voix pour les plus naturels, & les plus agreables par dessus tous, viennent de Bourgongne, & particulierement des environs de Chably, ce n'est pas pourtant qu'il n'y ait des vignobles autour de Paris qui ne soient en estime; mais soit que le Climat ou l'assiette y contribuënt, les autres sont de beaucoup plus séves & mieux fournis; les nôtres paroissans menus auprés d'eux, quand ils sont confrontez par les Gormets.

CHAPITRE XXXVIII.

Vin paillet & tendre.

LA meilleure façon que l'on puisse donner au vin, pour le faire excellent & paillet; est d'apporter les grappes sans les meurtrir ou écacher, & les mettre tout d'un coup sur le pressoir, les faire fouler, & en presser le marc une fois seulement, sans le tailler; puis l'entonner à l'instant, emplissant les tonneaux si haut, qu'en boüillant ils jettent leur écume par dessus, & les remplissant souvent, afin qu'ils se nettoyent bien de leur écume.

Vous pourrez faire des pâtez de terre grasse autour du trou de la bonde, pour empescher la perte de beaucoup de vin qui se répandroit en boüillant, & si vous ostez la plus grosse écume à mesure qu'elle sortira, il ne sera si long temps à boüillir.

Quand il sera en repos, vous le remplirez tout plein, & le couvrirez avec des feüilles de vigne, & du sablon par dessus pour le garantir de l'évent, jusques à ce que vous vouliez bondonner vos tonneaux.

Vous observerez deux choses tres-necessaires, l'une de tenir toûjours le vin bien couvert, car pendant qu'il est dans sa chaleur, il est fort susceptible à prendre de l'évent: & l'autre, de ne le remplir que de vin qui ait boüilly, à cause que le moust (ou vin doux) le feroit recommencer à boüillir.

Si vous voulez faire une cuvée entiere de vin paillet, & qu'il soit tout égal, vous foulerez les raisins dans une petite cuve ou recevoire, & mettrez le clair dans la grande cuve, avec le premier vin de pressoir que vous tirerez du marc; & quand il voudra commencer à boüillir & que son écume sera montée, vous le retirez par la cane, & l'entonnerez, emplissant vos futailles à trois doigts prés de la bonde, le couvrirez de feüilles & de sablon pour luy laisser passer sa plus grande chaleur; puis vous le remplirez, comme j'ay dit cy-devant.

Cette maniere de faire du vin égal est bonne aussi pour ôter la plus grande partie de la lie; mais je tiens que le vin perd beaucoup de ses Esprits, enquoy gist sa bonté: car c'est une espece de fralatage, ou changement de tonneau, qui diminuë, & affoiblit nos vins d'autour Paris, pour les vins puissans qui viennent és climats chauds cela leurs donne plûtost un agréemét, d'autant qu'ils sont déchargez du plus grossier de leur lye ou face.

Le marc qui n'aura point été taillé, sera mis avec le vin que vous voudriez faire cuver, si vous n'en faites de la picquette à part, pour la boisson du commun; & pour faire cette picquette ou picasse, vous y mettrez de bonne eau, tant & si peu que vous voudrez qu'elle soit bonne; remuant bient le marc qui sera dans la cuve; où là elle s'échauffera, & boüillira comme de franc vin; mais non si promptement.

Le vin le plus excellent se fait avec les raisins qui meurissent de bonne heure, qui sont les plus doux au goust & qui écachez dans les mains gluent davantage; le meilleur raisin des environs de Paris, est celuy que l'on nomme franc morillon, & Bourgogne le Pinot.

CHAPITRE XXXIX.

Vin de mere-goute ou de rosée.

SI vous voulez tirer du vin bien delicieux de vos grappes, mettez les dans la cuve sans fouler, laissez les un peu mijoler, puis ouvrez la cane ou fontaine, & retirez le clair qui en pourra sortir sans fouler ; ce sera le plus excellent de vostre vin, lequel n'aura que fort peu de couleur ; mais aussi vôtre cuvée en sera moindre en bonté, d'autant que c'est le plus subtil esprit qui en sort.

Les raisins blancs qui meurissent de bonne heure, & qui sont de bonne nature à faire du vin sec, peuvent estre mellez avec les rouges, pour rendre les vins encor plus paillets, ainsi qu'il se pratique à Beaune, Chably, Tonnerre, & aux environs, d'autant qu'ils luy donnent une pointe tres-agreable qui chatoüille le goust plus sensiblement que les rouges tous seuls.

CHAPITRE XL.

Du Vin ferme, ou de garde.

IL se fait en le laissant tant plus cuver, que plus vous le voulez ferme, mais on pourroit aller jusques à l'excez & faire perdre au vin toute la grace qui luy est necessaire; c'est pourquoy nous nous y gouvernerons selon les années, & ferons distinction des complans ou especes de raisins.

Pour les années, il s'en rencontre qui font les vins plus rouges les unes que les autres; ce que vous appercevrez dés en foulant les raisins s'ils teignent les jambes des fouleurs, en ce cas là vous les laisserez moins cuver; si au contraire, les jambes des fouleurs demeurent sans se taindre, non plus que s'ils les avoient lavées dans l'eau, alors vous luy donnerez de la cuve plus long-temps.

Quand la vigne ne se dépoüille point de ses feüilles, mais qu'elle demeure couverte jusques dans les vandanges, les grappes se font mieux dessous, & prennent plus de couleur, que quand par secheresse ou petite gelées, elle se dépoüille, & c'est ce qui fait que les vins sont moins chargez de couleur, à cause que le Soleil & l'air dessechent les grappes sans meurir, ce qu'elle ne fait pas, quand elle demeure couverte pourvû qu'elle ne soit point trop maigre de Fumier, & qu'elle ait eu toutes ses façons en saison.

Si vous voulez que les grappes s'amolissent & se mettent bien en vin; il faudra environ quinze jours avant la vendange faire donner un labour à la vigne; cette despence recompensera au double les frais que vous y aurez faits par le rapport que vous en tirerez.

Pour les Complans si la vigne est toute de franc Morillon, le vin prendra beaucoup plus de couleur que si elle estoit meslée d'un infinité d'au-

DE LA CAMPAGNE. 57

tres sortes de complans, desquels aucuns ne rougissent point entierement.

La meilleure façon de faire le vin cuvé, est qu'apres que vous aurez fait apporter les Grappes les plus entieres qu'il se pourra, que vous les faciez descharger dans une petite cuve d'environ quatre à cinqs muids, que l'on les foule, & que l'on verse à mesure le clair dans la grande cuve, plus estât bien foulées que l'on y jette aussi le marc, & ainsi recommencer, tant que vostre cuve soit pleine à six pouces prés du bord pour le laisser hausser dans la force de son boüillon sans repandre; quand il sera bien levé, vous ferez un trou de guiblet dans le milieu de la cuve entre deux cercles, & gousterez s'il tient de la cuve, (c'est à dire s'il a perdu sa douceur) en ce cas vous le retirerez, & l'entonnerez dans les vaisseaux, en mettant à chacun autant du premier retiré comme du pied de cuve, pour les égaler, & y laisserés du vuide suffisant pour y couler ce qui sortira du marc quand vous le ferez presser, qui sera le plûtost que vous pourrez, sans laisser eschaufer ny aigrir dans la cuve.

Il y en a qui se contente de retirer leur vin quand l'Aisne est montée, & que le vin peut seulement couler par la cane sens s'arrester, craignant de luy donner trop de cuve, & de couleur, ne se soucians pas s'il a encore sa douceur ou non, mais ils gastent leur vin, car ils en rompent le fumet qui fait fermenter le vin, & cela est cause qu'il à un goust mollasse qu'il garde toûjours; il vaudroit mieux qu'il fust fait sur le pressoir, que d'avoir été mis pour cuve, & ne luy laisser faire son effet.

Vous ne mettrez dans le bon vin le dernier pressurage, à cause que l'on a taillé les pepins & rafles des grappes qui donnent au vin cuvé un goust âpre & rude, ou dur, mais aussi il s'en conserve bien plus long temps.

Les vignes qui sont maigres & claires, (c'est à dire, aufquelles on ne met que fort peu de fumier, & qui ne font pas plantées à la moitié de ce que la terre pourroit porter.) font le vin plus puiffant, & plus haut en Séve, que celles qui appartiennent à de bons Mefnagers qui les fument, & font foffiler fouvent ; mais auffi en recompenfe de la defpence qu'ils y auront faite ils recueilleront au double ou quadruple plus que les autres.

Ceux qui ont beaucoup de vignes font le meilleur vin que les pauvres vignerons, qui n'ont autre commodité pour fouler que des petits cuviers, où ils patroüillent le peu de vin qu'ils recueillent, & dans ce reverfage & tripotis en abbreuvant leurs cuviers, ils diffipe les plus fubtils & meilleurs efprits de leur vin ; c'eft pourquoy vous en achepterez toûjours aux plus grands Champtiers, & outre cét avantage qu'il fera meilleur vous pourrez encore choifir fur le tout.

CHAPITRE XLI.

Du Vin blanc.

Le meilleur complant de raisins blancs pour faire le vin sec, c'est le meslier, la beaune, & le fromentier ; les grands muscats, muscadets, genetins, chassetas, & autres qui ont le grain plus charnu, sont bons à faire les vins doux & bourus.

Pour faire le vin sec, il faut cueillir le raisin blanc à l'issuë de la vendange des rouges, le fouler dans une cuve qui ne serve qu'aux blancs, & laver bien le pressoir avant que d'en presser le marc, de crainte qu'il ne prenne quelque teinte du rouge ; puis jetter tout dans la cuve, & le laisser boüillir jusques à ce qu'il ait perdu sa liqueur ou goust de moust, comme j'ay dit au vin cuvé : ce vin sera bon à remplir les vins rouges, il leur donnera la pointe ou la vigueur qui les fait tant estimer des Marchands ; ils seront bons aussi pour les Taverniers qui donnent de la cuvée de deux, c'est à dire qui meslent le blanc avec le clairet) d'autant que tels vins s'éclairciffent, se purifient, & se rendent bien naïfs pour faire les agreables vins paillets.

Pour les vins doux, bourus, & qui ont de la liqueur; il ne les faut vendanger qu'aux premieres gelées, & quand la feüille chet, ils en font beaucoup plus forts, & mieux nourris que les vendangez de bonne heure qui de necessité ont toûjours de la verdeur.

Ces vins ne veulent point cuver pour estre excellens, mais estre faits comme les paillets; & si vos futailles font bien fortes, le plûtost que vous les pourrez bondonner est le meilleur car il se dissipe moins d'esprits.

Pour donner un goust de muscadet à du vin blanc, il faut mettre quinze ou vingt grains de graine de grande Orvalle, ou *Orminum*, lesquels vous enfermerez dans un petit sachet bien long, & le laisserez pendre dans les tonneaux, pour le retirer quand voſtre vin aura aſſez pris de gouſt, qui ſera ſept ou huit heures aprés.

Les Allemans pour conſerver la bonté de leurs vins blancs de Rhein enſoulfrent leurs tonneaux auparavant que de les entonner ; ce qu'ils font en mettant dans leurs tonneaux par le trou de la bonde, un linge blanc de ſix poulces de long, ſur trois ou quatre de large, lequel eſtant enſoulfré, le laiſſent pendre attaché à un cloud, puis ils l'allument; en brûlant, il parfume ſi abondamment tout le tonneau, qu'il ſe ſuffoque de ſa fumée, & s'éteint de luy-meſme : alors faut bien boucher le tonneau, pour le faire parfumer par tout, puis retirer ce qui reſte du linge brûlé, pour entonner le vin promptement, & le couvrir comme cy-deſſus, avec feüilles & ſablon : lors qu'il aura boüilly, le faudra bien bondonner, & au bout de dix jours il ſera clair : ſi vous roulez le tonneau deux ou trois tours, il ſera bourru, & s'y conservera jusques en Juin, auquel temps il s'éclaircira derechef, mais il le faudra boire bien promptement.

CHAPITRE XLII.

De la garde du Vin.

POur conserver les vins dans leur bonté, il faut que les futailles n'ayent aucun goust de fust, ou de moisi & d'autre mauvaise odeur : que les caves soyent fort fraiches en Esté : que les portes fenestres, & soupiraux, en soient petits pour conserver la fraicheur, mesme il faudra les boucher entierement pendant les grandes chaleurs, qu'elles soient éloignées du grand bruit, comme de cloches, charois, forgerons, & autres, loin aussi de toutes mauvaises odeurs, comme latrines, égouts, & autres infections : en tenir toûjours les portes fermées, & n'y hanter qu'au sujet du vin, estre bien soigneux qu'elles soient souvent baliés, qu'il n'y croupisse ny eau, ny vin répandu, & tenir toûjours les vaisseaux bien pleins, ne les perçant & goustant qu'en la necessité.

Quand vous les remplirez, qui sera tous les deux mois, choisissez toûjours du meilleur pour le remplissage & qu'il soit un peu plus ferme que ce que vous remplirez; si vous n'en avez pas beaucoup à remplir, vous prendrez de celuy que mettrez en perce, & dés aussi-tost que vous y aurez mis la canelle sans attendre qu'il soit au bas ou en évent.

Au temps que la vigne est en fleur, & alors que les raisins commencent à prendre couleur, il n'y faut aucunement toucher.

Vous ferez boire les plus foibles & debiles les premiers, reservant les fermes pour les derniers.

Pour tirer le vin, vous ne luy donnerez point de vent s'il se peut, si vous étes obligé d'en tirer beaucoup; vous
percerez

DE LA CAMPAGNE. 65

percerez un trou de Guiblet prés du Bondon, mettrez dans ce trou un gros grain de Sel, un morceau de papier & une poignée de sablon par dessus, sans vous servir d'un fosset qui se peut oublier à fermer par mégarde, par lequel le Vin repandroit, ou prendroit de l'event.

Quand vous cesserez de tirer à un Tonneau, soyez soigneux de le bien boucher, jusques à ce que vous le vouliez défoncer & ôter la lye, car l'air le feroit moisir & empuantir, le perdant entierement, & le rendant incapable d'y pouvoir mettre du vin sans qu'il se gastât; ou bien si la lye ne se seichoit il s'y engendreroit des Moucherons qui en peu de temps produiroient des vers, & pourriroient la lye, qui est encore pis; les lyes seront mises tout ensembles dans l'un des Tonneaux, pour estant reposées, en tirer ce qui y peut rester de vin, qui vous servira à mettre dans le Vinaigre, ou à cuire le Poisson.

F

LES DELICES

Vous pourrez adjouster à la bonté du vin, beaucoup d'ingrediens qui servent à l'odeur & au goust, comme du jus de framboises, de l'eau de vie, du sel quand le vin bout dans la cuve, y en mettant une livre pesant pour chaque muid, des peaux d'orenges seiches, de la canelle, du clou de girofle, & autres, lesquelles drogues vous mettez dans un petit sachet de linge long comme le doigt, qui sera attaché à un cloud, & pendra dans le Tonneau sans toucher au vin, de la graine de grande Orvalle, ainsi que j'ay dit cy-devant, pour luy faire sentir le genetin, & encore une infinité d'autres meslanges, inventez par le caprice des hommes, mais tous ces ragousts ne font que déguiser le vin, sans en augmenter la bonté.

Si vous voulez prendre une pinte de bonne eau de vie rectifiée, & y mettre infuser au Soleil autant de framboises bien meures, puis au bout de huit jours épreindre les framboises

DE LA CAMPAGNE. 67
& paſſer le tout, le mettre dans une bouteille de verre, la bien boucher, & garder cette liqueur ; Quand vous vous en voudrez ſervir, il faudra en degouter un peu dans une bouteille, & la retourner de tous coſtez afin qu'elle ſoit parfumée de ce bon gouſt, puis emplir la bouteille du vin ordinaire pour eſtre beuë à l'inſtant.

Quand le vin a de l'évent, ou quelque autre mauvais gouſt, vous luy en diminuerez beaucoup, ſi vous le ventouſez en prenant un pain tout ſortant du four, lequel vous ouvrirez, & en mettrez la moitié ſur le trou de la bonde, ce pain chaud attirera la mauvaiſe qualité du vin.

Les grandes chaleurs & tonnerres ſont extrémemét contraires aux vins, particulierement aux paillets, & les font tourner, ſurmonter, pouſſer canoner & aigrir, s'ils ne ſont dans de bonnes caves bien profondes, dans leſquelles le vin ſe gardera lõg-temps s'il a été façonné avec grande proprete ; & pour prevenir en quelque façon cette perte & dechet de Vin, il faudra sur chaque Tonneau mettre un Bareau ou quelque autre grosse piece de Fer ; d'autant qu'il y a une certaine vertu naturelle dans le Fer qui resiste aux Tonnerres & grandes Chaleurs.

Quand la Cave est bonne, les vins paillets se couvrent ; c'est à dire qu'ils se chargent & prennent plus de couleur, qui est un tres bon signe au vin ; mais au contraire, quand il pâlit & se trouble, c'est signe qu'il se veut gaster, c'est pourquoy on ne le doit garder, mais le faire boire promptement.

Pour dégraisser du vin qui sera pesant & filera en le versant ; il faut prendre deux onces de belle colle de poisson, la couper en fort petites pieces, puis la mettre fondre dans Chopine de vin, sans la mettre sur le Feu, la remuant plusieurs fois, estant fonduë la jetter dans le Tonneau par le trou de la bonde, puis attacher une serviette au bout d'un bâton, & bien remuer, tirer dehors la serviette une ou deux fois, & la tordre pour ôter ce qui y sera attaché, & apres laisser reposer le Vin, il se clarifiera & sera sec.

CHAPITRE XLIII.

Des Rapez.

Pour esclaircir promptement le vin on se sert d'un rapé fait avec des copeaux de bois de hestre ou fouteau bien sec, & tirez le plus longs que l'on pourra, avec la Varlope d'un Menuisier; lesquels vous laisserez tremper l'espace de deux jours dans de l'eau, la rechangeant deux fois au moins par jour; puis les égouterez & secherez bien auparavant que de les mettre dans le tonneau par le trou de la bonde; le vin s'esclaircira en peu de temps, & abbatra de sa verdeur s'il en a trop; ce lavement de copeaux dans de l'eau, n'est à autre fin que pour ôter le goût du bois que le vin prendroit, un minot de copeaux sans fouler suffira pour un demy muid de vin.

L'on tient qu'en mettant un plein plat de sel sous un tonneau de vin, qu'il aide beaucoup à le faire éclaircir.

L'on fait aussi une autre sorte de rapé avec du meilleur raisin, en prenant des plus belles grappes, & coupant toutes les pecites queuës prés des grains sans les crever ou égrainer, & en emplir le tonneau tout plein avant que l'enfoncer du dernier bout, si l'on ne se veut donner la patience de les mettre par la bonde, puis y verser du bon vin au sortir de la cuve & le laisser boüillir, l'emplissant, & couvrant comme j'ay dit.

Les Taverniers qui vendent au pot & debitent beaucoup, ont tousiours de ces deux sortes de rapez chez eux celuy de copeaux pour esclaircir le vin, & celuy de raisins pour fournir tousiours aux acheteurs du vin d'un mesme goust ou boitte; leurs copeaux

DE LA CAMPAGNE.

sont tirez au gros rabot, & sont plus forts que ceux que le Bourgeois mettra dans quelques petites pieces de vin nouveau pour estre promptement en boitte, mais ceux à qu'il en faut toute l'année, à cause du grand debit qu'ils en ont, il faut qu'ils ayent plusieurs futailles qui soiét remplies de ces gros copeaux, avant que d'estre enfoncez du dernier bout, pour s'en servir de cette maniere, qui est que deux ou trois jours apres que leur vin est encavé, & que la plus épaisse lye est descenduë, ils percent leur vin, & l'entonnent dans leur rapé de copeaux, qui acheve de l'esclaircir en bien peu de temps.

A mesure que ces rapez se vuident ils les remplissent à cause que les copeaux ne s'en porteroient pas si bien, s'ils les laissoien longt-temps en vuidange.

Quand ils s'appeçoivent que leurs rapez sont trop long temps à esclaircir le vin, ils jugent qu'ils sont trop pleins de lye ; alors ils les deffoncent & lavent bien les copeaux dans de l'eau pour ôter toute la lye, puis les mettent bien égouter, & les relavent dans du vin clair pour les réenviner ; apres quoy ils les font remettre dans leurs mesmes Tonneaux bien lavez, puis servent comme auparavant, ces rapez sont toûjours de meilleurs en meilleurs jusques à ce que les copeaux se brisent en fort petites pieces, qu'il faudra ôter, & des plus longs en continüer les mesmes rapez de deux ou trois n'en faisant qu'un bon.

Aux rapez des raisins ils n'y mettent que du vin bien clair, & les remplissent journellement, parce que si l'on les laissoit en vuidange ils s'éventeroient & se gasteroient.

L'usage de ces rapez, n'est à autre fin que pour entretenir toûjours leurs Chalans d'une mesme boitte.

Les Religieux Mendians à qui l'on aumosne du vin, le mettent sur ces sortes de rapez pour le rendre tout d'un
goust

goust, quoy qu'il soit provenu de diverses sortes de vins, & ces sortes de rapez sont meilleurs la seconde année que la premiere.

CHAPITRE XLIV.

Du Vin-aigre.

Vous serez curieux d'avoir toûjours chez vous un baril de bon vin-aigre bien fort, lequel vous mettrez en lieu chaud, & le remplirez à mesure que vous en tirerez (pour le conserver toûjours en sa bonté) avec des restes de vin, ou de bassieres, que ferez chauffer avant que de les mettre dans le baril, afin qu'il s'aigrisse plus promptement; vous y en mettrez peu à la fois, de crainte que la grande quantité n'adoucit tout ce qui seroit dans le baril, & vous laisserez un trou au baril pour luy donner de l'évent.

Si vous le voulez faire rozat, il faudra prendre des roses quand elles commencent à s'epanoüir, & les éplucher oſtant tout le verr, graines & paillettes jaunes qui ſont dedans, comme auſſi les bouts des feüilles qui les attachent à la queüe, lequel n'eſt pas rouge, de ces feüilles vous emplirez une bouteille de verre, qui ne ſera couverte d'ozier, ſi ce n'eſt de bien peu par bandes, laquelle eſtant pleine vous mettrez au grand Soleil, l'attachant contre un mur, pour avoir plus de reflexion, la boucherez de papier, & luy mettrez le goulet en bas, afin que le peu d'humidité qui s'évaporera des roſes en puiſſe eſtre ſeparé, & diſtilé en bas, (autrement le vin-aigre ſe gaſteroit) vous la retournerez & ſecoüerez de temps en temps pour ſecher les roſes au mieux que vous pourrez, eſtant deſſeichées, vous emplirez la bouteille avec de bon vin-aigre, & l'aromatiſerez avec du cloud de girofle, canelle, muſcade, & autres bons parfums de bouche.

Il ſe fait d'excellent vin-aigre blanc

DE LA CAMPAGNE. 75
avec de la fleur de vigne, & pour la recueillir, il faut au temps que la vigne est en sa plus forte fleur mettre des serviettes sous le seps & les fleurs tomberont dessus, il en faudra prendre environ une poignée, la faire secher dans la bouteille comme les roses, & l'emplir de bon vinaigre blanc, la bien boucher avec de la cire & la mettre infuser au Soleil jusques à la fin des jours Caniculaires.

Les roses muscates, ou blanches communes, les fleurs d'orenges, de citron, de jasmin, de sureau, d'œillets & autres bonnes fleurs mangeables, seront aussi preparées de la même façon, pour en faire du vin-aigre de divers gousts.

Si vous y voulez mettre des gousses d'ail ou d'eschalotte, il faudra les mettre un peu fanir au Soleil avant que de les faire entrer dans la bouteille, elles donneront au vin-aigre un goust bien relevé, mais il y en faut peu.

Pour faire le vin-aigre, il y a plusieurs methodes, dont la meilleure & plus certaine est celle que les vin-aigriers pratiquent, qu'ils disent estre secret, quoy que ce soit un vray travail ; Ils prennent deux barils tous neufs d'environ la longueur d'un demy muid ou plus, mais il n'est pas necessaire qu'ils soient si gros, il vaut mieux qu'ils soient longs ; si l'on en veut faire de vieux bois qui ait déja servy à mettre du vin, il faudra faire doler ou ôter toute la gravelée, & rendre le bois net ; (ces sortes de barils, ils les appellent des flustes) dans chacun de ces tonneaux ils y mettent quatre pintes du meilleur, & du plus fort vin-aigre qu'ils puissent trouver, & le versent dedans le plus chaud & le plus boüillant qu'ils peuvent, & à l'instant les bondonnét bien, puis les roustent & tourmentent au moins l'espace de six heures durant, tant que ce vin-aigre soit froid, cela fait ils le revident par la bonde & l'égoutent bien, apres ils mettent ces flustes en champtier en lieu chaud où il ne gele jamais, & les accottent & arreſtent de telle façon qu'il ne faut point qu'elles branſlent de là, & les bondonnent pour empeſcher l'ordure de tomber dedans; puis avec le perçoir ils y font un trou ou deux au haut du fonds à trois doigts prés du jable; (ces trous ils les appellent des yeux) ils prennent huit pintes de leur meilleur vinaigre pour chacun, & l'entonnent par ces trous avec un entonnoir coudé ou en potence; & huit jours apres ils y mettent avec l'entonnoir deux pintes de vin à faire vin-aigre, & au bout de huit autres jours ils le rechargent d'encore autant, (y ayant pourtant gouſté auparavant pour juger s'il eſt auſſi fort comme, le bon vin-aigre que l'on y a mis de crainte que s'il n'eſtoit aſſez fort ou aſſez travaillé on le noyât, & ne l'empeſchât de bien faire ſon effet & ainſi de huit en huit jours ils le rechargent toûjours juſques à ce qu'il ſoit plus qu'à demy plein, alors on pourra le recharger de davantage, & de quatre en quatre jours si l'on veut jugeant toûjours par le goust s'il est assez travaillé, & quand il sera presque plein, on en pourra retirer pour le besoin du ménage seulement.) Quand vos flustes seront pleines vous en pourrez retirer les deux tiers si vous voulez & en emplir quelque baril pour la provision, ou pour vendre, & recharger petit à petit, ainsi que j'ay dit, vous gouvernant avec prudence pour ne pas noyer vos flustes.

Les vinaigriers ont une grosse tonne (qu'ils appellent un passe-partout) qu'ils emplissent de vin-aigre pour la vente ordinaire, sans toucher à leurs flustes qu'ils laissent continuellement travailler.

Si l'on vouloit emplir la fluste jusques à moitié avec de bon vin-aigre dés la premiere fois que l'on la charge ce seroit une grande advance, & elle travailleroit bien plus promptement que si l'on en mettoit peu comme j'ay dit.

Le vin poussé, canoné, & aigry, est meilleur à faire vin-aigre que n'est pas le franc vin, mais celuy des lyes est à preferer tous ces autres.

Vous observerez de ne mettre jamais aucun vin dans vos flustes, qui ait de la fleur, ou seve, ou chapeau (ainsi que vous voudrez nommer cette blancheur qui surnage le vin) mais il la faut escumer proprement, autrement la fluste ne travailleroit point, & laisseroit le vin au mesme estat que l'auriez mis; c'est pourquoy vous verserez vos lyes ou vostre vin canoné dans des cuviers à la cuve, & estant reposé vous l'écumerez bien, avant que d'en prendre.

Quoy que cette maniere de faire le vin-aigre soit la meilleure & la moins nuisible à la santé, neantmoins quelques curieux y ajoûtent plusieurs ingrediens, & en façonne à leur fantasie; ils prennent un muid neuf, & mettent quarante pintes du meilleur vin-aigre, & rouſlent le tonneau demy heure durant, puis le laiſſent repoſer quatre jours, au bout deſquels ils y adjouſtent les drogues cy-apres nommées leſquels ils font concaſſer & les mettent dans un ſachet de toille long d'un pied, qui ne ſoit pas plus gros qu'un boyau, lequel ils laiſſent pendre dedans le tonneau, & y attachent un fil qu'ils lient par dehors pour le retirer quand l'on voudra, ces graines ſont poivre long, zinzembre, gallinga, cormichy, de chacun trois onces, toutes leſquelles drogues font aigrir, & vous chargerez de huit jours en huit jours ainſi que j'ay dit cy-devant; par ce mot cormichy, j'entends dire du bois de cormier avec la fleur.

Pour donner belle couleur au vinaigre, il faut mettre du jus de ces meures ou framboiſes ſauvages qui viennent dans les hayes, ou dans les bleds, & les prendre extrémement meures.

CHAPITRE XLV.

Du Verjus.

JE ne sçache autre soin à du verjus pour l'entretenir bon, que quand il sera dans le tonneau, d'y mettre à chaque muid une livre de gros sel, & le tenir toûjours bien bouché.

La Bicane blanche, ou Bordela est le meilleur raisin à faire verjus.

Une fontaine ou chant-pleure de bois est meilleure au verjus & au Sidre qu'une de cuivre, d'autant que leur acrimonie la mangent en peu de temps.

CHAPITRE XLVI.

De l'Hypocras.

L'Hypocras se doit faire avec de bon vin vieil bien conditionné;

vous en prendrez tant & si peu que vous voudrez, & y mettrez autant de livres de sucre, qu'il y aura de pintes de vin, avec de bonne canelle en bâton; vous mettrez infuser cette composition sur des cendres chaudes, dans des terrines, la remuant par fois, puis vous la coulerez par la chausse de drap, pour la bien clarifier, & l'hypocras sera fait.

Quelques-uns le clarifient avec des amandes douces, un peu écachées dans le mortier, & y ajoûtent le zinzembre, le poivre, le girofle, la coriandre, le musc, l'ambre gris, & autres bons parfums; mais le plus simple que l'on le peut faire, est le plus naturel, toutefois, pour le musquer simplement, vous mettrez deux grains de musc dans un peu de cotton, lequel vous pendrez à un filet au bout de la chausse, afin que l'hypocras en coulant, tire le parfum du musc.

Si vous faites l'hypocras avec du vin nouveau, il y faudra mettre beaucoup plus de sucre, qu'à celuy qui est fait avec du miel.

Vous pourrez faire de l'hypocras en un instant, avec de l'essence de canelle, du vin, & du sucre; vous pourrez aussi y ajoûter de toutes les essences agreables au goust; comme anis, fenoüil, canelle, girofle, & autres; si vous voulez vous servir d'eau, au lieu de vin, il ne laissera pas d'estre bien agreable.

CHAPITRE XLVII.

Du Rossolis, Populo, aigre de Cedre, Malvoisie, & autres boissons precieuses.

Toutes ces boissons, (& infinies d'autres, que chacun peut inventer selon sa fantaisie,) sont composées de sucre fin, de bonne eau de vie, ou esprit de vin, de jus de citron & oranges aigres & douces, de vin d'Espagne, essences de canelle, girofle, muscade, anis, fenoüil, coriandre, & tous autres bons esprits bien rectifiez; desquels vous composerez des boissons delicieuses ; & vous leur donnerez tel nom que bon vous semblera, pour tromper la curiosité des excessifs en delicatesse, toutes lesquelles boissons ou sirops, vous mettrez infuser dans des bouteilles de verre au Soleil ou devant le feu, & les clarifierez avec les amandes, pistaches, & blancs d'œufs foëtez, les coulant par une chausse à hypocras; & pour les conserver, vous les mettrez dans des bouteilles que boucherez bien avec le tampon de liege, & la vessie de pourceau, ou le parchemin moüillé, & bien lié par dessus de crainte que le plus subtil ne s'évapore: pour connoistre la bonne eau de vie, vous en mettrez dans une cueiller d'argent, puis vous y approcherez la chandelle, ou un morceau de papier allumé, aussi tost le feu y prendra; si elle se consomme toute, elle est excellente, mais si le feu s'esteint, c'est signe, qu'elle n'est pas separée d'avec son phlegme, le bon esprit de vin se connoist aussi en prenant dans un verre, & le jettant en l'air, s'il s'évapore, & qu'il n'en retombe rien à terre, c'est un signe de sa bonté; mais si au contraire on voit qu'il retombe & moüille la terre, c'est une marque évidente qu'il a encore du phlegme, & n'est pas assez rectifié.

CHAPITRE XLVIII.

De l'eau clairette.

Elle se fait en prenant deux pintes de bonne eau de vie, une livre des plus belles cerises de Montmorency, ausquelles vous osterez les queües sans les écacher; une livre de sucre, demy once de bonne canelle, demy once de cloud de girofle; vous mettrez le tout infuser au Soleil, pendant les jours Caniculaires, dans une bouteille de verre, la bouchant bien avec la cire ou liege, & le parchemin moüillé, vous la renverserez tous les jours, afin que le marc se mesle bien pour vous communiquer ses bonnes qualitez à l'eau de vie; plein une cueiller d'argent de cette eau prise à jeun est excellente contre le mauvais air en temps de peste, avec une cerise que vous tirerez de dedans la bouteille avec un fil d'archail fait comme un dard, pour mieux picquer & attirer la cerise ; elle est bonne aussi pour les indigestions, cruditez, & colliques causées par froid ; & pour augmenter les forces & courage aux femmes quand elles sont en travail d'enfant.

Pour rendre le vin bien fumeux, il faut prendre du sarment au temps que l'on taille la vigne, & le brûler seul, puis l'entonner dans un baril, & le bien bonder jusques au temps de la vendange, auquel temps, quand vôtre cuvée de vin commencera à lever, il faudra la poudrer par dessus de cette cendre, y mettant à une cuvée de huit muids un boisseau de cette cendre.

Pour le vin éventé qui s'aigrit, prenez un picotin d'orge, & quatre pintes d'eau de fontaine, faites boüillir le tout à revenir à deux pintes, & l'entonnerez, puis le laissez reposer.

Pour blanchir le vin roux, deux litrons de farine de froment, trois pintes du mesme vin pour en deslayer ladite farine, jettez le tout dans le tonneau, roulez le demy heure durant, & le laissez reposer.

CHAPITRE XLIX.

De la Limonade.

Cette boisson est toute contraire aux precedentes; car au lieu que les autres échauffent, celle-cy rafraichit; elle a ce desavantage qu'elle ne se peut garder que deux jours au plus dans sa bonté; pour la faire, vous prendrez des dedans de citrons aigres & doux, desquels vous osterez les plus grosses peaux qui separent les graines: puis à mesure vous les jetterez dans de belle eau claire, & adjousterez du sucre en poudre, la quantité que vous jugerez y estre necessaire, y mettant aussi un peu de coriande concassée avec bien peu de canelle en baston que vous enfermerez dans un petit noüet de linge: vous laisserez infuser le tout environ l'espace de demy jour, versant & renversant souvent d'un vaisseau dans l'autre, & pressant les citrons avec les mains, vous passerez cette limonade à travers un linge sans presser le marc & la coulerez dans des bouteilles, si vous voulez y adjouster le musc & l'ambre pour la rendre plus delicieuse, à vous permis.

Vous en ferez aussi avec des orenges bigarades ou autres, de la mesme façon qu'avec des citrons: le jus de pommes de capendu y sera aussi excellent, mais il la roussit.

CHAP.

CHAPITRE L.

Du Sidre.

LE Sidre se fait ordinairement avec des pommes, des poires, & des cormes, d'où il prend les noms de pommé, poiré & cormé, le meilleur & le plus fort est celuy qui se fait des pommes les plus douces, & qui paroissent comme insipides au goust; tant qu'elles sont douces; chaque Contrée estime certaine especes de pommes pour faire le meilleur sidre; les unes de Hurluva, autres le Coqueret, & ainsi diversement.

Vous devez preferer les especes d'arbres qui chargent beaucoup, & dont les pommes rendent quantité de jus, aux autres moindres; d'autant que c'est une boisson qui n'est faite que pour suppléer au defaut du vin.

La Normandie qui pour la froideur de son climat ne peut produire du vin

(si ce n'est en quelques petits endroits) est la Contrée où il se boit plus de sidre qu'en tout le reste du Monde.

Pour sa façon, on amasse toutes les pommes, tant celles qui tombent d'elles mesmes que celles que l'on abat avec la gaule quand elles sont meures, & on les met en mijol dans des Greniers pour là les prendre, & en faire le sidre à loisir, mesme jusques vers Pasques, & quand on le fait on met les pommes dans une auge de bois qui est en rond, pour les faire escacher sous une meule, qui est tournée par un Cheval à qui on cache la veuë de peur qu'il ne s'étourdisse en tournant, & l'on y met tant & si peu d'eau que l'on veut qu'il soit bon ou moindre, remuant les pommes dans l'auge (à mesure qu'elles se pilent,) avec des paësles de bois, & un rabot ou rasteau fait exprés qui suit la meusle, lequel est attaché au levier, qui fait tourner la meusle; étant pilées on les porte par boisselées sur la Mer du pressoir, & à mesure on dresse la motte avec du foarre long pour entretenir & faire quelque liaison au fruict escaché, afin de le dresser en motte quatrée, mettant un lict de foarre puis un lict de pommes pillées, de quatre en quatre doigts d'epaisseur, en croisant le foarre de lict en lict, puis on charge le pressoir avec des ais, & des boisseaux ou bouts de solives, & puis on luy donne l'arbre pour en exprimer le jus.

Il y a cette difference du vin au sidre, que c'est toûjours le meilleur du vin qui sort le premier du pressoir, & au sidre c'est le dernier.

Ce marc apres qu'il sera bien pressé vous le mettrez retremper dans des vaisseaux avec de l'eau, & au bout de huict jours, plus ou moins, à vôtre discretion, vous le represserez, luy donnant toutes ses façons necessaires pour tirer jusques à la derniere goutte, ce sera de la boisson pour le commun de la famille.

Si vous en voulez faire sans mettre aucune goute d'eau il sera tres excellent pour traiter les amis.

Si le Sidre vous manquoit dans l'Esté, vous pourriez faire de la piccasse avant la maturité des pommes en les cassant seulement, & les mettant dans un tonneau par la bonde, ou le faisant renfoncer du dernier bout apres l'avoir remply, y mettant de l'eau jusques à deux doigts de la bonde pour le laisser boüillir, à mesure que cette piccasse se boira on la remplira d'eau jusques à ce que l'on la trouve assez debile pour ne pouvoir plus estre remplie.

On laissera le sidre long temps boüillir sans le bondonner, car il est beaucoup plus furieux dans son boüillon que n'est pas le vin.

Au deffaut de franc verjus, vous prendrez des pommes avant leur maturité, les pilerez sans eau, & en exprimerez le jus pour employer dans vos saulces.

Tout ce que j'ay dit du pommé, se

peut aussi pratiquer au poiré & cormé.

Vous pourrez faire aussi de la boisson avec d'autres fruits, comme cerises, abricots, groseilles rouges, prunes, alizes, cornoüilles, & autres, qui sera tant meilleure que les fruits en seront excellens, & qu'il y aura moins d'eau.

―――――――

CHAPITRE LI.

Boüillon.

IL se fait une petite boisson, qui est un diminutif de la biere; n'ayant voulu icy en discourir, à cause du grand embaras qu'il faut que les brasseurs ayent en la faisant, dans toutes les diversitez dont on la façonne és Pays-bas & Angleterre; je me contenteray de cette petite-cy, qui se fait avec facilité & peu de frais.

Vous prendrez un minot de bon son ou de recoupes de froment, & vous le ferez un peu boüillir avec de l'eau claire, dans un chaudron qui tienne demy muid, y ajoûtant deux poignées de l'herbe nommée Orvalle de la grande espece, si vous en pouvez avoir, puis estant presque froid, vous le passerez, & en emplirez une Futaille de demy muid, dans laquelle vous aurez mis un levain d'un sol, détrempé à part avec eau, cette boisson boüillira comme de la biere, & quand elle sera rassise & claire, qui sera environ huit jours aprés : alors vous la pourrez mettre en perce, & ôterez les deux premieres pintes, qui seront troubles.

Vous noterez que cette boisson ne se garde pas long-temps en perce; c'est pourquoy quand elle sera de repos, qu'elle aura quitté sa douceur & pris son goust de suret, il la faudra mettre en perce pour la faire boire sans discontinuation.

Pour recommencer, il ne faut défoncer le tonneau, il suffit de vuider la lie par le bondon, & ne la pas trop égoutter.

CHAPITRE LII.

De l'Hidromel.

PRenez vingt quatre pintes d'eau de pluye bien nette, trois pintes de bon miel, qui soit de couleur tirante sur le tanné; puis faites boüillir le tout ensemble dans une chaudiere de cuivre, sur un petit feu de charbon peu à peu, tournant toûjours de crainte qu'il ne brûle, & l'écumant bien curieusement; pour connoistre quand l'hydromel sera cuit. vous mettrez un œuf frais de la poule, s'il va au fonds il n'est pas assez cuit, mais s'il surnage, & qu'il se tienne sur le costé, il est en sa parfaite cuisson; alors vous le tirerez de dessus le feu,

& le verserez à travers un linge dans des vaisseaux de bois de chesne qui soient tous nœufs, n'ayant encore servy à mettre aucune liqueur : & vous y descendrez un linge bien clair oũ estame, cousu en long comme un boyau, dedans lequel il y aura de la racine d'angelique cõcassée la valeur de la centiéme partie de ce que vous aurez d'hydromel, & autant de graine de moustarde rausſi concassée; lequel boyau sera lié d'une petite corde par le bout pour le retirer quand besoin sera: puis vous exposerez ce vaisseau au grand Soleil pendant tous les jours caniculaires, laissant la bonde ouverte pour luy faire jetter son escume, & boüillir une seconde fois au Soleil, au bout desquels vous retirerez, le linge, & bondonnerez bien le vaisseau, le mettant à couvert dans le logis pour en user à vostre commodité & besoin.

AUX

AUX FRERES CAPUCINS.

EPISTRE.

ES DEVOTS FRERES,

L'amitié continuelle que vous me témoignez, m'oblige à vous donner un échantillon de celle que je vous ay vouée, par ce petit traité que je vous presente, l'ayant dressé tout exprés pour vous, sçachant tres bien qu'il vous est beaucoup plus necessaire qu'à qui que ce soit, d'autant que, comme vous vous adonnez avec beaucoup plus de curiosité à la culture des Iardins, qu'aucune des autres Communautez de Religieux, aus-

EPISTRE.

ſi par vos ſoins vous y eſlevez de toutes ſortes de bons herbages & legumes, deſquels le plus ſouvent vous vivés contens, ſoit que vous le faciez par auſterité, ou ſoit que les aumònes plus ſolides vous manquent, neantmoins par une judicieuſe politique vous aimez mieux vous paſſer à de tels mets (quoy que mal aprétez;) que d'eſtre à charge au public: j'eſpere qu'en liſant ce livret, vous pourrez tirer une facile inſtruction, de quelle maniere, vous appreſterez tout ce que vous recueillirez dans vos Jardins, & particulierement vos racines en quoy ils abondent amplement, vous ſuppliant qu'en reconnoiſſance du preſent que je vous fais, vous ne m'oubliez en vos prieres, afin qu'apres avoir travaillé aux Paradis de la Terre; nous nous repoſons enſemble, dans le Paradis eternel.

LES DELICES
DE LA CAMPAGNE.
LIVRE SECOND.

CHAPITRE PREMIER.

DES RACINES.

UOY que dans ce second Traité j'aye fait dessein de vous apprendre comme vous appresterez tout ce qui se recueille non seulement dans les Jardins, mais encore dans

l'estenduë de la France Parisienne, je ne luy ay neantmoins donné autre titre que celuy des racines, d'autant que la diversité en est beaucoup plus grande que de toutes les autres plantes telles qu'elles soient.

Nous commencerons par les bettes-raves, comme les plus grasses de toutes les racines, & dirons que leur ayant rogné les feüilles toutes prés de la teste, & le bout du pivot, on les met cuire de trois façons, dans l'eau, au four, ou sous la cendre, étant cuittes, il leur faut ôter la peau & les mettre tremper dans le vinaigre & le sel, elles s'y garderont sept ou huit jours sans lemoisir, n'y aigrir, pourveu que vous les retourniés tous les jours, ou bien qu'elles trempent par tout; là vous en prendrés pour fricasser, les tranchant par roëlles, & mettant dans la poësle, avec du beurre, du sel, & de l'oignon tranché aussi par roëlles, lequel vous aurés fait roussir auparavant que de verser vos tranches de bettes-raves dedans, & les

DE LA CAMPAGNE. 101
aſſaiſonnerez y donnant la pointe de
ſel & de vin-aigre, prenant ſi vous
voulez de la meſme ſauce où elles auront trempé, ceux qui aiment les eſ-
pices y en pourront mettre.

Elles ſeront auſſi mangées en ſala-
des à l'huille, ou au beurre fondu, on
les tranche en toutes ſortes de formes
ou figures, pour orner les ſallades
d'herbes, ce qui les diverſifie & com-
partit fort agreablement.

CHAPITRE II.

Des Carotes & Panais.

ELles ſeront cuittes à l'eau, fricaſ-
ſées & aſſaiſonnées de même que
la bette-rave, ſi vous voulez y adjouſter la creſme douce, vous en rendrez la ſauce plus épaiſſe, on en met
dans les pottages à la chair, mais il les
faut ratiſſer auparavant, c'eſt d'ordinaire au mois de May, quand elles

I 3

ne sont pas plus grosses que des raves ou petits raiforts : elles se confisent aussi avec le sucre & le vin, y donnant la pointe de canelle & girofle, avec un petit filet de vin-aigre, vous mettrez à part les rouges que cuirez avec le vin rouge, d'autant qu'elles donneroient teinture aux jaunes & aux blanches ; les rouges sont plus delicates que les autres, & les blanches & jaunes plus agreables en pottages, on les sert chaudes en compostes, les tranchant par bandes, & les rangeant sur des assiettes, puis on leur fait un sirop bien lié & épais en gelée.

Les panets s'apprestent de la mesme maniere que les carottes.

CHAPITRE III.

Des safisifs communs.

ILs se cuisent aussi dans l'eau, se pellent, & s'afsaisonnent à la sauce tournée, ou d'Allemagne, qui se fait en mettant du beurre dans un plat, avec du sel & de la muscade & un peu de vin-aigre; puis mettre un plat sur le rechaud, & à mesure que le beurre fondra, tourner continuellement avec une cueiller tant que tout soit fondu; & aprés le verser dessus les salsifix, & servir promptement, d'autant que si on les laissoit davantage sur le feu, ou que l'on les rechauffast le beurre s'affiniroit ou s'éclairciroit comme de l'huile; vous y pourrez aussi adjouster la cresme douce ainsi qu'aux carottes.

CHAPITRE IV.

De la Scorsonnere ou Salsifix d'Espagne.

C'Est la meilleure de toutes les racines que nous ayons en Frāce & est la seule qui se peut manger en toutes le saisons de l'année; elle ne se corde jamais ainsi que les autres; elle s'appreste aussi en plus de diversitez.

Pour la preparer, il la faut ratisser & à mesme temps la jetter dans l'eau fraiche pour y tremper quelque téps, car son escorce est amere, & donne teinture à l'eau, puis on la met cuire comme le salsifix commun, étant cuite on luy fait aussi la méme sauce d'Alemagne, ou à la cresme, si l'on veut y mettre des jaunes d'œufs pour la rendre liée, elle sera de beaucoup plus agreable les jours gras aprés qu'elle sera cuitte & égouttée, on la mettra sur le feu avec moëlle de bœuf, ou lard bileté, (c'est à dire tranché par petites billes grosses comme des dés à joüer) & du bon boüillon du pot pour s'y mitonner, quand on la voudra servir on la changera de plat, & au lieu de la sauce on y mettra du jus de gigot, luy donnant la pointe, avec le jus de citron ou d'orenge, ou au moins d'un filet de vin-aigre, rapant de la muscade par dessus, elle se met aussi sur les pottages gras au lieu de racines de persil, & se fricasse comme les bettes-raves, on la frit aussi l'ayant farinée comme

DE LA CAMPAGNE. 105
on fait les foles ou bien l'ayant trempée dans une paste bien claire faite avec farine, jaunes d'œufs, & vin blanc, la falant à difcretion, ou bien en la tirant de la poësle jetter le jus d'orenge par deffus, en fallade à l'huile ou au beurre, elle eft tres-excellente, elle fe confit au fucre comme les paftenades que l'on fert en compofte, ainfi que je vous ay dit cy-devant, eftant confite ou liquide, on la met au fec dans les eftuve ainfi que les prunes & abricots, & fe conferve auffi dans le Loëttes, l'ufage en eft excelent pour la fanté, & entretient le cœur gay, & diffipe la bille noire.

CHAPITRE V.

Du Salfifix sauvage.

ON le trouve dans quelques Prez au renouveau, & c'eft quand il a pouffé feulement fon herbe auparavant qu'il monte à graine, que l'on le tire de terre, & que l'on le fasse parboüillir dans l'eau pour le manger à la sauce d'Allemagne en guise d'Asperges.

CHAPITRE VI.
De la Rave ou petit Raifort.

CHacun sçait que c'est la racine la plus prompte à manger, & qui ne demande aucun autre assaisonnement que le sel; si aprés l'avoir ratissée, vous la fendez en trois ou quatre, & la jettez dans l'eau fraiche, elle s'adoucira beaucoup, & sera agreable à servir en mettant plusieurs confusément dans le plat, les dressant en piramide; si vous la tranchez par roëlles avec les assaisonnemens de sallade, elle y sera mangée pour ragoust de dégouté.

La graine avant qu'elle soit meure est bonne aussi avec sa gousse, les Italiens & Espagnols en mangent fort, ainsi que de la racine.

CHAPITRE VII.

De la rhée ou rabe.

C'Est une viande si grossiere, que j'ay regret d'y employer le temps & le papier, neantmoins afin que je m'acquitte de ma promesse, & que je n'obmette rien de ce qui peut venir à ma cōnoissance, je diray que les Villageois Limozins en font les meilleurs plats de leur banquets; Quand ils la font boüillir dans le pot, ils l'appellent *Cartella*, quand ils ne la font cuire qu'avec l'eau & le sel, c'est *de Roudeo*, s'ils la rotissent sous la braize, ils la nomment *lou Bollé*, & lors qu'ils la fricassent dans la poëlle avec le beurre ou l'huile, c'est la *Rabe fricassée* qu'ils servent au haut bout par excellence, comme le plus precieux mets de tout leur festin.

CHAPITRE VIII.
Des raiponces.

LEs ayant ratissez seulement, elles seront mises toutes entieres, feüilles & racines dans les pottages de Caresme les cuisant avec la purée, on les mange aussi en salades au renouveau faute d'autres herbes plus delicates & de meilleur goust.

CHAPITRE IX.
Des navets.

IL y en a de plusieurs especes dont les petits sont estimez les meilleurs, quand ils seront ratissez, si ce sont de gros on les coupera par billots & non par roëlles, tantost par un coing, tantost par un autre, & à mesure il les faudra jetter dans l'eau bien chaude, pour les laver, & apres les mettre dans le pot avec d'autre eau toute boüillante avec la graisse, le lard, ou

DE LA CAMPAGNE. 109.
beurre en mesme téps, pour les y faire
cuire, y ajoûtant de la feüille de porreau qui est son vray assaisonnement,
& les saler à discretion, puis les tirer,
égouter, & fricasser, au beurre ou au
lard, la moustarde y donne bon goust,
on les mange aussi en pottages maigres, & à la chair particulieremét avec
le mouton, & en divers autres aprests
dont nous parlerons au troisiéme liv.

CHAPITRE X.

Du persil.

CEs racines ne se mangent qu'en
pottages, particulieremét à ceux
de volailles de cour, & à la purée,
quelques-uns en mettent avec les herbes pour les pottages ordinaires, mais
il en faut tres-peu, à cause de leur
grande force.

Pour les apprester, il les faut ratisser, puis ôter la corde de dedans,
en frappant du manche du cousteau

la faire quitter & sortir, apres on les jette dãs l'eau tiede pour les laver; auparavant que de les mettre cuire dans le pot avec la viande, on les lie par bottes avec du fil, pour les retirer plus facilement quand elles sont cuittes, sans les depecer, & pour les estendre sur les pottages que l'on veut parer.

Sa feüille se mange cruë, & se sert sur plusieurs sortes de viandes, comme particulierement sur les courboüillons, tant de chair que de poisson, sur toutes fricassées & hachis, & l'on en borde aussi les plats pour ornement, estant hachée bien delié; bref c'est nostre espice Françoise qui donne goust à infinité d'aprests, & s'employe presque par tout, ant pour son goust que pour sa couleur.

On la frit aussi, comme je diray cy-aprés aux artichaux la mettant sur la plus part des plats de friture, dont on les borde.

CHAPITRE XI.

Des Cheruis.

Cette racine est si delicate, qu'elle ne veut presque qu'entrer dans l'eau chaude pour oster sa peau ; puis on la frit l'ayant poudrée de farine, ou trempée dans la pâte comme la Scorsonnese, le jus d'orenge est sa vraye sauce ; si estant cuitte & pelée, vous la voulez manger au beurre, à la sauce tournée, ou d'Allemagne, ou bien à l'huile en sallades avec du cerfeüil d'Espagne, au temps qu'il commence à pousser sa feüille, c'est un manger delicat & friand.

CHAPITRE XII.

Des taupinambous, pommes de terre.

ON les met parboüillir, on les péle, & leur fait une sauce d'Alemagne, comme dessus, ils ont un vray goust de fonds d'artichaux, mais pourtant un peu plus molasses, couppez par tranches, on les frira avec le persil, & avec la paste ainsi qu'à la Scorsonere.

CHAPITRE XIII.

Des truffes.

Il y a de plusieurs sortes de truffes, ou bien je diray qu'il y a plusieurs plantes qui resemblent aux truffes, & que l'on appreste de mesme façon.

Les vrayes truffes ont la peau fort noire & rude, mais la chair en est blanche, elles ont une tres bône odeur car si vous les enfermiez dans des boëtes pour les transporter au loin à l'ouverture de la boëte leur parfum est si puissant, qu'il tire les larmes des yeux.

On les prepare de diverses façons la plus simple est de les faire cuire dans les ves & le sel, puis les servir chaudes dans la serviette comme les chataignes staignes boüillies, on les cuit aussi au court boüillon fait avec vin, vin-aigre Espiceries, Oignon ou Ciboule, peau d'orenge ou de citron, & herbes fines, ou de senteur, comme thim, marjolaine, sauge, rosmarin, laurier & autres, selon le goust d'un chacun, estant cuittes on les pele, on les tranche par roelles, puis on les met dans la sauce au beurre, à la moësle, ou au lard, (telles que j'ay dites cy-devant,) y mettant quelque peu du mesme court boüillon où elle auront esté cuittes, de jus de gigot y fait merveille.

CHAPITRE XIV.

Des Champignons.

IL y en a de plusieurs sortes, de bons & de mauvais, c'est pourquoy il faudra bien se garder de se méprendre, car on tient que ceux qui croissent

K

sur les mines de Fer sont mortiferes.

Un bon champignon doit estre bien ferme, rouge par dessous, blanc par dessus, & de bonne odeur, ceux qui viennent dans les jardins, dans les pasturages ou autres terres trop fumées, sont les meilleurs; quand ils sont passez ou vereux, ils ne valent rien; leur vraye prise est quands ils sont encore en bouton, & non pas tout ouverts.

Pour les apprester, vous les esplucherez bien & les jetterez dans l'eau claire où vous les laisserez tremper, puis vous les ferez parboüillir dans un peu d'eau pour leur oster leur plus grande force, d'où on les tirera & esgoutera; apres cela on les fera cuire dans un pot ou poëslon avec une sauce faite de beurre, sel, espiceries, oignon, vinaigre, & quelque morceau d'orenge ou citron; Quand ils seront bien cuits, & que toute la sauce en sera desechée, vous les tirerez, les mettrez dans un plat, les esgouterez bien & y respandrez un jus de gigot,

& un jus d'orenge ou citron.

Si vous n'avez du jus de gigot, vous laisserez un peu de la sauce, dans laquelle ils auront cuit, mais il la faudra bien dégraisser.

La moëlle de bœuf est tres bonne au lieu de beurre.

La cresme douce est aussi excellente pour lier & épaissir la sauce, un peu auparavant que de les servir sur table.

Quelques-uns ne les font point parboüillir, mais les mettent seulement entre deux plats sur le rechaud, où ils suënt quantité d'eau, que l'on égoutte auparavant que de les assaisonner ; de cette façon là ils me semblent trop forts & échauffent le corps extremement.

Quelques autres les mettent renversez dans le four, ou sur les charbons, & un morceau de beurre avec un peu de sel & de poivre dessus.

On prend des plus grands champignons tous cuits, on les renverse, &

on les remplit de quelque bonne farce faite de chair ou de poisson bien assaisonnée, & cuitte, puis on le couche sur le Pain mitonné, pour faire un beau pottage, ou un bon Entremets.

On frit aussi les Champignons estant simplement espluchez, lavez, & poudrez de farine.

Ou on les trempe dans une paste à beignets telle que je l'enseigneray cy apres à la fin des œufs, les faisant frire à l'ordinaire.

L'ornement de toutes les petites fritures est le persil que l'on met tant dessus qu'autour des bords du plat, & pour la sauce ou le degoust, le jus d'orenge ou de citron, ou au moins le vin-aigre, puis un peu de sel menu par dessus.

Si vous faites secher des champignons, mousserons, morilles & autres, & que vous les mettiés en poudre bien fine, elle sera excellête dans toutes sortes de sauces; fricassées & patisseries pour leur relever le goust au téps que l'on ne voit point de champignons.

CHAPITRE XV.

Des Mousserons.

C'Est une petite espece de champignons tous blancs qui ne viennent qu'au mois de May, cachez sous la mousse (d'où ils ont pris leur nom) Il les faut esplucher, laver, & les mettre cuire dans un court boüillon tout d'un coup, lequel se fait avec vin, verjus, vin-aigre, ciboule, sel, espiceries, orenges, citron, & quelque peu de fines herbes ou Laurier; puis on les tire, & on les met dans de la cresme douce avec un peu de leur court boüillon.

Les jours gras la moëlle de bœuf & jus de gigot y seront aussi de bons assaisonnemens, quelques-uns ne les lavent que dans du vin, & les fricasse dans la poëste, au lard doux fondu, les assaisonnant de sel, épiceries, & jus d'Orenge.

On en frit aussi des plus grands trempez dans la pâte de beignets, ou sans pâte avec la farine seule, comme j'ay dit des champignons.

CHAPITRE XVI.

Des Morilles.

C'Est aussi une espece de *Fongi* qui croist dans les pierres environ le mois de May; elles veulent estre bien lavées à cause du gravier qui reste toûjours dans les trous, puis on les fait parboüillir en grande eau pour en oster encor' le gravier, & aprés on les cuit assaisonne, fricasse, farcit, & employe dans les potages, patisseries & entremets, ainsi que les champignons.

CHAPITRE XVII.

Des Melons.

Dans noſtre Jardinier François en la Section des Melons, j'ay ſuffiſamment écrit quelles conditions ſont neceſſaires pour choiſir un bon melon dans ſa maturité; c'eſt pourquoy je traiteray ſeulement i y de l'aſſaiſonnement que l'on leur donne, ordinairement on ſe contente du ſel pour les manger cruds, quelques-uns pourtant ſe ſervent de ſucre au lieu de ſel.

On les couppe auſſi par tranches, & on les trempe dans la pâte à beignets bien claire (faite avec farine de froment, œufs, formage mol, & autres ingrediens tels que je diray cy-aprés en ſon lieu, où je vous renvoye pour la compoſition) puis on les frit dans le beurre frais, ou le ſains-doux; & en les tirant de la poëſle, on les poudre de ſel ou de ſucre, ſelon le goust de ceux devant qui on les sert, le jus d'orenge ou de citron, de verjus ou au moins de vin-aigre est la vraye sauce de toutes sortes de fritures.

On en peut confire au sucre pour secher aux étuves ainsi que les autres fruits que l'on garde dans des boëttes.

CHAPITRE XVIII.

Des Concombres.

POur les sallades, il les faut choisir tendres avant que les graines ayent aucune dureté, les peler, & ôter beaucoup du blanc, puis les trencher en roëlles bien deliées, & les poudrer de sel en suffisante quantité, y mettre aussi tremper une ciboule piquée de trois ou quatre clouds de girofle, & les laisser ainsi tremper dans leur eau au moins douze heures, les retournant par fois pour les confire mieux, puis les retirer de leur sauce, les égouter, & y mettre de l'huile, du vin-aigre,

gre (si vous n'y en avez point mis en trempant) & fort peu de poivre.

Si vous n'avez le temps de les laisser tremper & infuser suffisamment, & que vous soyez pressé de les servir, il faut les battre dans leur sauce entre deux plats, cela les mortifie, autant que s'ils avoient trempé long temps.

Pour les fricasser, on les peut prendre à toutes aages, pourveu que les graines ne soient trop dures, & on les tranche de l'épaisseur d'un Escu blanc, puis on les poudre de sel, & on fricasse de l'oignon tranché par roëlles dans le beurre ou graisse, auparavant que de les mettre dans la poësle, où on les assaisonnera d'espices, y donnant la pointe de vin-aigre.

Aux pottages à la nouveauté ils sont excellens, tant aux jours gras que maigres, les pelant & coupant par quartiers.

Si on les veut farcir, il faudra les peler legerement, puis les couper par

L

moitiées en travers, ofter la moëlle de dedans avec un coufteau eftoit comme ceux d'Angleterre, & les remplir avec de la farce faite de roëlle de veau hachée bien menuë, avec de la graiffe de bœuf bien blanche, ou du lard fans faler, & apres y mettre un ou deux œufs de poulle, felon la quantité, & l'affaifonner avec de l'efpice compofée (dont je vous ay enfeigné la doze cy-devant au traitté de la patifferie) un peu de perfil haché bien menu y fera bon auffi, fi vous aimez la ciboulette, & les herbes fines, vous y en mettrez de celles qui font les plus à voftre gouft: puis vous manierez & meflerez bien le tout enfemble, en emplirez vos concombres, les ferez cuire dans un pot à part avec du boüillon du pot, & les retournerez doucement pour les faire cuire également.

Au lieu de veau, le porc frais, le blanc de volailles de cour, de poullets d'inde, de perdrix, faifans, & autres chairs dilicates les rendront sant meilleurs que plus excellentes elles seront ; vous obferverez en tous hachis d'ofter les peaux & nerfs qui ne fe peuvent trancher fous les coufteaux.

Les jours maigres, vous prendrez des chairs de carpres, tanches, & brochets, qu'affaifonnerez ainfi qu'aux jours gras, mettant du beurre au lieu de graiffe, il les faudra mettre cuire en plein beurre, les nourriffant du boüillon des jours maigres, avec lequel on nourrit tous les pottages, lequel fe fait avec les teftes, arreftes & écailles des poiffons, defquels vous aurez ofté les chairs pour hacher, j'en parleray plus amplement au dernier Trait: quand j'enfeigneray l'appreft des poiffons d'eau douce.

Si vous voulez faire de la farce avec des feüilles tendres de bette blanche, de l'arroches, de l'ozeille, des épinars, du pourpier, & un peu de perfil que vous hacherez bien menu, & affaifonnerez d'œufs caffez, épiceries

& herbes fines, ainfi qu'aux jours gras, & fi vous voulez y mefler des jaunes d'œufs durs émiez, avec du beurre frais, maniant bien le tout enfemble, & en emplir vos concombres, lefquels eftans dreffez de bonne grace dans un plat, ils ne laifferont pas de paffer pour un bon mets.

Quand à ceux que l'on confit au fel & vin-aigre pour garder pendant l'Hyver, lefquels on met dans les fallades, aux pottages, & que l'on fricaffe, j'en ay écrit amplement dans noftre Jardinier François au troifiéme traitté fection troifiéme; c'eft pourquoy je n'en parleray point icy non plus que de tout les autres fruits & herbages, qui y font compris, defquels on doit toûjours faire grande provifion, d'autant que pendant l'hyver les herbes n'ont aucun gouft, & qu'auffi par leur petiteffe, c'eft beaucoup de temps perdu que de les éplucher.

CHAPITRE XIX.

Des citroüilles, potirons, bonnets de Prestres, trompettes d'Espagne & autres fruits semblables.

Tous ces sortes de fruits de terre s'assaisonnent de mesme façon, il les faut couper par bandes côme costes de melons, oster les graines & la peau, les trancher par morceaux, les faire parboüillir dans peu d'eau tant qu'ils soient amollis, les tirer de l'eau, les mettre bien égouter, & les fricasser avec l'oignon roussi, les sallant & épiçant côme les concôbres.

Pour le potage, estans parboüillis on vuide l'eau, & on y met de bon laict avec du sel & peu de poivre.

Si vous voulez contrefaire des marrons ou andoüillettes de veau, prenez de la citroüille cuite, & la maniez bien avec beurre frais, jaunes d'œufs durs, œufs frais cassez, un peu de perfil haché ou herbes fines, & des épices composées, formez en des andoüillettes & marrons, puis les mettrez cuire en plein beurre dans la lichefritte, ou baffin d'argent; que mettrez le feu de charbon, ou dans le four, les retournant souvent de tous côtez, & quand ils feront cuits, oftez toute la fauce pour leur faire prendre une couleur riffolée; les empefchant de s'atacher au plat, en les retournant fouvent comme j'ay dit, fi vous voulez mettre dans cette farce quelques champignons hachez menu, cela relevera bien le gouft.

La citroüille fe met auffi dans le pain voyez en fon lieu cy-devant.

CHAPITRE XX.

Des Choux de toutes fortes.

SElon que les choux font de differentes efpeces, auffi les faut-il apprefter diverfement.

Les choux fleurs, à l'entrée des premieres gelées veulent eſtre lavez avec leur motte, & replantez dans la cave ou la ſerre, leur oſtant quelques unes des plus grandes feüilles, afin de les preſſer davantage; Là ils ſe conſervét tout le long de l'hyver ſans ſe gaſter, ce qu'ils feroient indubitablemét ſi l'on les laiſſoit dãs le Jardin expoſez aux injures de l'Hyver, ils ne laiſſent pas auſſi d'y groſſir, s'achever de pommer; on cõmencera à manger par les plus petits, par les moins blãcs & par ceux qui eſcartant les trochets, ſemblent vouloir monter à graine, reſervant les plus gros, les plus blancs, & les plus ſerrez pour les derniers, comme ceux qui ſont de meilleure garde.

Pour les appreſter, vous éplucherez leurs pômes en ne leur laiſſant aucune feüille, ſi elle n'eſt bien petite & bien blanche, & leur oſtãt les plus dures peaux des petites branches, puis vous les mettrez parboüillir dans l'eau, juſques à ce qu'il ſoient amo-

L 4

lis; apres quoy, vous les tirerez, & mettrez égouter, les poudrant de sel menu si vous ne les avez salez en cuisant; estant bien esgouttez, vous y ferez une sauce tournée, ou d'Allemagne (ainsi que j'ay dit aux Salsifix) y adjoustant aussi la cresme si l'on veut, les jours gras on y mettra de la moëlle de bœuf, & du jus de gigot de Mouton; les ayant dégraissez auparavant, on en met sur les Pottages de choux farcis, & sur les pots pouris pour les garnir, parer, orner, ou armer, ainsi que l'on voudra dire.

Ils se mangent aussi à l'Huile & au vin-aigre en sallades.

Les choux raves s'apprestent comme les choux fleurs, mais on les tranche par roëlles quand ils sont parboüillis.

Les choux pommez ne se mangent gueres qu'en pottages gras ou maigres, les couppant assez menus pour les mettre au pot l'eau estant bien chaude, & sallée, beurée ou graissée

DE LA CAMPAGNE. 129
selon le jour ; cela les nourrit dés qu'ils commencent à cuire, & les rend beaucoup meilleurs que si on ne les assaisonnoit que quand ils sont presque cuits.

Pour farcir un chou pommé, vous luy osterez les plus grandes feüilles, ne luy laissant que ce que vous voudrez qu'il ait de grosseur, & vous le ferez parboüillir, puis le tirerez de l'eau, & le mettrez égoutter, estant un peu refroidy, vous ouvrirez toutes les fueilles jusques au cœur & appuirez un peu dessus pour l'escacher ; puis y mettrez deux ou trois tranches de lard bien deliées, & le poudrerez d'une petite pincée de poivre ; mettrez dessus une motte de farce ou hachis semblable à celuy des concombres, & par dessus encore quelques bandes de lard, sur lesquelles vous piquerez deux ou trois cloux de girofles, apres vous refermerez proprement le chou feüille à feüille enfermant cette farce & arrondirez les choux dans vos mains en pressant pour en faire sortir l'eau, ce qu'étant fait vous le lierez de petite ficelle ou gros fil, faisant deux ou trois tours en croisant, de crainte que ils ne se depécent, & vous les cuirez à part estans cuits, vous les dresserez dans le plat sur le pain, osterez la ficelle, & partirez le chou en deux ou en quatre pour faire voir la farce, & garnirez vostre pottage de pain frit par tranches ou appreftes; si vous voulez le parer avec bandes & fleurons de feüilletages, qui est le plus bel accompagnement du pottage de choux, ou bien des fritteaux de plusieurs couleurs, cela y conviendra fort bien, d'autant que pour rendre les choux bons, il faut qu'ils soient fort gras, & par consequent tout ce que l'on y adjoûte; si vous voulez aussi mettre dessus des gros morceaux de moëlle de bœuf, ce sera encor mieux.

Les jours maigres vous les farcirez de chairs de poisson ou d'herbes, ainsi que j'ay dit les concombres.

Quand j'ay parlé des choux à pommes, j'ay entendu non seulement les blancs d'Aubervilliers, mais encore toutes les autres especes qui pōmment sans les vouloir distinguer par leurs noms, comme pancaliers, musquez & autres.

Les romains ou frisez sont tres-bons en entremets, les faisant cuire avec bon boüillon, & force lard, graisse ou moëlle de bœuf; & au beurre les jours maigres.

Les brocques s'apprestent de mesme que choux romains, & se servent particulierement dans les pottages à la purée, en sallades aussi avec le sel, le vin-aigre & l'huile.

Les choux à large coste, les blonds, & autres qui se mangent pendant les gelées, ne sont difficiles à apprester; en potages on y peut mettre la purée ou le laict.

CHAPITRE XXI.

Des Laitues.

Toutes laitues petites & grandes se mangent en sallades à l'huile, & au vin-aigre; quelques-unes comme les chicons ou romaines, sont tres-excellentes au sucre; elles se mettent aussi toutes dans les pottages; celles qui sont pommées se peuvent farcir comme les choux, on en passe par la poële, c'est à dire que ayant fait fondre du lard, sains-doux, ou autre graisse, on leur donne deux ou trois tours dans la poële, puis on les retire & égoutte pour les servir sur des pottages; les jours maigres on prendra du beure pour faire la friture.

Quand elles montent en graine, & qu'elles commencent à fleurir, particulierement les laitues Royales, on tire de dedans leur montant un cardon qui est tres-excellent accommodé en entremets en toutes les sortes de sauces que j'ay dites pour les salsifix ; pour les preparer il leur faut oster la peau, les faire parboüillir, & mittonner dans cette sauce pour leur en faire prendre goust, d'autant que d'eux-mesmes ils sont si doux qu'ils semblent estre insipides.

CHAPITRE XXII.

Des Artichaux.

A La nouveauté, on ne les esfeüille point pour les mettre parboüillir dans l'eau, estans cuits, on les tire, & les met égouter le cul en haut, quand ils sont un peu froids, & que l'on les peut manier, on les ouvre doucement, & on tire le foin de dedans, (c'est à dire que l'on oste les fleurs & graines de dessus le fonds, avec un peu des feüilles du milieu,) puis on les met à la sauce des salsifix.

Quand ils sont plus durs il faut

oster les feüilles, les tirant l'une apres l'autre un peu de costé pour en rompre les nerfs d'avec le fonds, puis ayant osté les plus grosses on couppe les moindres par dessus raze à raze du foin, & on couppe aussi par dessous tout le vert qui n'est pas mangeable, puis on les fait parboüillir, mettant quelques feüilles de vigne ou autres herbes par dessus pour conserver leur blancheur, apres qu'ils sont cuits on les tire de l'eau, on ôte le foin & on les renverse pour les mettre égoutter, auparavant que de leur faire la sauce telle que j'ay dit cy-devant aux salsifix.

Dans ces fonds d'artichaux, si vous y mettez de la farce de chair, ou de poisson assaisonnée & cuitte auparavant, ce sera pour faire un beau pottage d'artichaux farcis.

Vous couperez aussi ces artichaux par petits quartiers; puis vous ôterez le foin de dedans, & toutes les feüilles n'y en laissant que deux des plus longues aufquelles vous couperez les picquerons, razant auffi tout le vert de deffous, les jettant dans l'eau à mesure que vous les éplucherez de crainte qu'ils ne noirciffent, & les y laiffant tremper jufques à ce que l'on les vueille fervir, pour eftre mangez au fel & au poivre.

Eftans preparez de la mefme façon on les tire de dedans l'eau, & encore tous moüillez, on les poudre de farine autant qu'ils en peuvent prendre, puis on les frit dans le fains-doux, lard fondu, ou beurre felon les jours; eftant frits & cuits de bonne façon, ce que vous reconnoiftrez quand ils feront un peu roux & non trop noirs, vous les tirerez & les laifferez égoutter avant que de les dreffer ; pendant quoy on frit du perfil, pour mettre par deffus ou bien autour des plats les poudrant de fel menu, & leur donnant la pointe de vin-aigre, ou du jus d'orenge.

Les cardes des plantes d'artichaux

que l'on veut ruiner ou éclaircir, seront liées & entourées de grand fumier quelque temps auparavant, gelées pour les faire blanchir, & l'on en prend à mesure que l'on en a affaire ; pour les accommoder, on les couppe d'environ un empan de longueur, & on leur oste les filets de dessus & de dedans ; les jettant à mesure dans l'eau fraische, de crainte qu'elles ne noircissent, puis on les lie par bottes pour les faire parboüillir, mettant des feüilles de bettes blanches avec une assiette par dessus pour les enfoncer dans le chaudron, car si elles nageoient elles se noirciroient, & estât cuittes on les tire sur l'égouttoire, puis on les met à la sauce ordinaire de tous les entremets qui est celle des salsifix, y adjoustant si vous voulez le jus de gigot & la moëlle de bœuf.

On pare les pottages avec de ces cardes toutes assaisonnées.

Quelques-uns les mettent boüillir dans le pot à la viande, mais elles ne sont font si delicates que quand elles cuisent dans l'eau seule, je crois que c'est à cause du sel qui les racornit, & si elles gâtent & noircissent le boüillon; dans le milieu de la Plante, il s'y trouve des cardons ou montant qui ont un petit artichaud au bout, lesquels sont fort excellens à manger cruds à la poivrade, accommodez comme ceux de laictuë.

Les cardons d'Espagne s'apprestent comme ceux de nos artichauds, mais ils ne sont pas si blancs ny si delicats.

CHAPITRE XXIII.

Des Asperges.

LEs meilleures se mangent dans la fin du mois d'Avril, quand elles sont en la force de leur séve; car ceux qui les mangent plus jeunes, lors qu'elles ne sont encores que rouges, c'est plûtost par friandise que pour leur bon goust; auparavant que de les mettre cuire il faut ratisser le blanc pour en oster une peau dure qui y est, & les jetter dans l'eau fraiche à mesure, puis les lier par bottes & le rogner de mesme longueur pour la propreté ; cela fait, on les mettra un peu amortir dans l'eau boüillante, d'où on les retirera & on les égouttera bien, les enfermant chaudes dans un linge blanc en plusieurs doubles pour leur faire jetter toute leur eau ; & aprés on les poudrera de sel menu si vous n'y en avez mis en cuisant pour leur en faire mieux prendre le goust, mais il y a perte de sel; cela estant fait vous les mettrez dans la sauce ordinaire des entremets, les y laissans un peu mittonner auparavant que de les dresser dans un plat, mettant les bouts verts en dedans.

On les fricasse aussi, les rompant toutes cruës de la longueur d'un travers de doigt, commençant par le bouton, & rompant toûjours tant que l'on les trouvera tendres, ou bien on les couppe par petites billes, pour les déguiser en forme de pois vers au temps qu'ils sont encor trop chers, puis on les fricasse avec de l'eau, du lard, de la graisse, de la moëlle, ou du beurre, les sallant & épiçant à discretion ; y ajoûtant aussi sur la fin de la cuisson, cresme douce si l'on veut y faire une sauce épaisse.

Les feüilles de pois verts hachées y donnent un goust qui est fort semblable à celuy des pois tendres.

On en met aussi à l'étuvée entre deux plats avec les assaisonnemens cy-dessus, & du bon boüillon du pot ; si l'on veut on y ajoûtera des pommes de laictuës pour les augmenter, & en adoucir la plus grande force.

De toutes ces sortes d'asperges on couvre les pottages & pots pouris, & on en pare le bord des plats.

Estant entieres & parboüillies, vous en mettrez en sallades à l'huile & au vin-aigre.

CHAPITRE XXIV.

De la Chicorée.

Elle ne se mange guere que blanche, & se met au pottage avec les autres herbes; pour la preparer on la fait parboüillir, & aprés l'avoir tirée de l'eau & égouttée, on l'assaisonne comme les autres entremets, puis de ses plantes entieres on en couvre les pottages, ou on les sert à part.

Elle est aussi mise à l'huille & au vin-aigre pour les sallades cuittes; En sallades cruës, l'huile & le vin-aigre oubien le sucre.

CHAPITRE XXV.

De la Chicorée sauvage.

La feüille estant encore tendre, on la couppe assez menuë, & on la met tremper dans l'eau fraiche pour en oster l'amertume, puis estant bien secoüée on la mange en sallades à l'huile, ou au sucre.

Sa racine estant ratissée il la faudra aussi jetter dans l'eau fraîche pour y tremper quelque espace de temps, puis on la fait parboüillir, & on luy donne la mesme sauce des autres entremets.

La chicorée sauvage à fleur blanche est beaucoup plus delicate que celle à fleur bleuë, & ne veut tremper que peu pour perdre toute son amertume.

CHAPITRE XXVI.

Du Porreau.

Aprés les avoir couppez par tronçons de la longueur de quatres doigts, & avoir osté le plus vert des feüilles, on les mettra cuire avec la viande, quelques-vns les font blanchir ou parboüillir auparavant que de les mettre au pot, pour leur oster la plus grande force; quelques autres les passent par la poësle, ainsi que j'ay dit des laictuës pour les roussir un peu & leur donner goust de la friture, puis les mettent achever de cuire dans le boüillon.

On les mange aussi au laict, ou à la purée, la feüille verte du porreau est le vray goust des navets ainsi que j'ay dit cy-devant.

CHAPITRE XXVII.

Du Cerfeüil.

POur manger de bon cerfeüil, il faut en semer tous les mois, afin qu'il soit plus delicat, il se met dans toutes sortes de sallades d'herbes cruës, tant à l'huile qu'au sucre.

CHAPITRE XXVIII.

Du Cerfeüil d'Espagne, Percil de Macedoine, Sceleri ou Apis.

CEs herbes ne sont mangées qu'au renouveau dans leur grande tendresse, dont la premiere est parfaite-

DE LA CAMPAGNE. 143
ment bonne à hacher dans les sallades; les autres veulent estre étouffées sous le fumier, ce que l'on peut faire aussi à la premiere, & sont mangées cruës à l'huile, ou au sucre; le sceleri à un montant que l'on mange à la poivrade comme le cardon; mais il faut lier la plante comme on fait la chicorée pour le faire blanchir.

CHAPITRE XXIX.

Des menuës herbes de toutes sortes pour les Sallades.

L'Estragon, la perce-pierre, le cresson, la trippe madame, la corne de cerf, l'herbe à l'Evesque ou doucettes, la pimpinelle, & mille autres, tant fleurs qu'herbes, servent à côposer les petites sallades à l'huile ou au sucre qui plus agreables elles sont, que plus de diversitez il y a : la pimpinelle sert mesme dans le verre pour tremper le vin, & luy donner son goust & odeur.

Le bourgeon de sureau mis dans la sallade lâche le ventre.

CHAPITRE XXX.

De l'ozeille.

Toutes sortes d'ozeilles sont bonnes pour les pottages, on les met aussi dans les farces de toutes sortes pour leur donner l'acidité, & leur relever le goust ; on en fait aussi de la sauce verte, & se cuit entre deux plats, ainsi que j'enseigneray cy-aprés, quand je parleray des œufs, elle se met particulierement dans tous les pottages de santé.

CHAPITRE XXXI.

Du Pourpier.

On en doit semer tous les mois pour en avoir toûjours de tendre à mettre dans les sallades, il entre aussi dans les farces & dans les pottages, mais en petite quantité, à cause de de sa trop grande acidité qui ne paroit pas tant quand il est mangé seul qu'en composition, on le confit aussi au sel & vin-aigre pour les sallades d'hyver & pour la purée.

CHAPITRE XXXIII.

Des Espinards.

Faut ceüillir les plus delicats avant l'hyver, & sont excellens dans la patisserie ainsi que j'ay dit, on en coupe continuellement pendant tout l'hyver pour en manger hachez à l'ordinaire, & pour les preparer, il faut les éplucher, laver, parboüillir, égoutter, épreindre, & hacher si l'on veut, puis les empotter, y ajoûtant une sixiéme partie d'ozeille pour leur relever le goust, au défaut de laquelle vous mettrez du verjus, & force bon beurre, les salant & épiçant selon vostre goust, si vous y aimés les raisins secs, de Damas, muscats, communs, ou de corinthe, ils y sont tres bons, & soyez soigneux de les mettre cuire sur un petit feu, & les retourner souvent de crainte qu'ils ne brûlent; si vous voulez menager le beurre à cause qu'ils en consomment beaucoup, mettez y de la premiere purée des pois blancs, elle y est fort bonne, le pain frit se sert picqué dans les épinards, & on poudre le bord des plats de pain rapé.

CHAPITRE XXXIV.

De la bette carde.

Elle est bonne dans les pottages gras & maigres, mais il faut qu'il y en ait fort peu, & qu'elle soit jeune & bien tendre; sa feüille entre dans toutes les sortes de farces d'herbes, & en quantité, faisant le principal corps; ses cardes se preparent, cuisent & assaisonnent, ainsi que celles d'artichaux; vous notterez que quand vous cueillirez des cardes, qu'il ne les faut pas couper, car vous ruineriez la plante; mais bien les arracher, en les tirant un peu de costé, pour en rompre les nerfs avec plus de facilité.

CHAPITRE XXXV.
Des pois de toutes especes.

PLus ils sont jeunes & plus excellens sont ils, les premiers qui se mangent dans le printemps sont avec la cosse, pour les apprester, il les faut mettre en étuvée dans un pot, avec peu d'eau, le beurre, graisse ou lard, le sel & peu d'épices selon le goust d'un chacun; ceux qui suivent sont les écossez, & se mettent à l'étuvée comme les precedens, on les fricasse aussi faisant roussir le beurre, lard, ou graisse, puis on les jette dedans avec un peu d'eau pour les faire cuire, & on les assaisonne de sel & espices, avec quelque peu de persil & ciboulettes hachez ensemble bien menu; si vous y voulez mettre deux brins de thim & marjolaine, pour leur en faire prendre le goust seulement faudra les lier de fil pour les en retirer entieres avant que vous les dressiez dans le plat, pour épaissir la sauce, la cresme douce y fait merveille, mais il ne la faut mettre que sur la fin de la cuisson.

Quand ils sont plus gros, on les met en estuvée dans un pot avec le beure ou lard, sel & épices, quelques-uns y mettent des laictuës pommées pour l'augmentation, si l'on veut on les fricasse aussi.

Les Anglois les font cuire avec l'eau & le sel, puis les tirent dans un plat ou terrine qu'ils couvrent d'un autre, & les égouttent promptement; apres ils y mettent du beurre frais sans fondre, avec fort peu d'espices, retournant, mouvant & secoüant les plats pour les embeurrer par tout, cela fait, ils les servent dans les mesmes plats & sans les chauffer davantage.

Pour discerner les bons pois tendres d'avec les durs, il ne faut pas qu'ils soient ronds, mais longs & poinctus vers leur petite queuë, que les deux moitiées ne se separent point en les écachant entre les doigts, & qu'ils soient pleins de jus, il n'importe pas pour la grosseur, car tels sont petits, qui ne laissent pas pourtant d'estre durs & mal conditionnez, comme sont les pois gris & chiches.

Des pois sans parchemin, il y en a de plusieurs sortes, dont les meilleurs & les plus tendres sont ceux de Hollande, qui ont les cosses larges, longues, & crochuës, apres leur avoir ôté les filets de la cosse, vous les ferez un peu éverdumer ou blanchir avant que de les mettre en étuvée pour en oster la plus grande force, puis les ferez cuire à la mesme sauce des pois nouveaux.

Les chices sans parchemin sont excellens aussi, mais ils ont le goust trop fort ou relevé.

Quand les pois verts se trouveront durs, il les faudra cuire & les passer ainsi que les jaunes, pour en oster les écaloppes, puis les assaisonner & fricasser ainsi que les autres entiers.

Les pois secs, jaunes & verts, ne sont pas tous bons à faire purée, car ceux qui ont esté élevez en terre forte, ne cuisent pas ordinairement bien, ou au moins ils sont difficiles à l'eau dans laquelle on les met cuire, car aucuns veulent celle de riviere, autres de puis, fontaine, cisterne, ou mare; c'est pourquoy, vous en ferez l'essay auparavant que d'en acheter vostre provision, pour plus grande seureté, & en cas que vous en ayez qui ne cuisent point, ils ne laisseront pas d'estre bons à semer dans les sablons, & en pourront rapporter de tres-excellens, les plus beaux & plus gros qui se vendent ordinairement à Paris viennent des environs de Galardon : Quand vous les aurez épluchez, vous les laverez dans l'eau tiede, puis les mettrez dans d'autre eau plus chaude pour les faire revenir ou renfler, auparavant que de les empotter & faire cuire; quand ils commenceront à crever, pour quitter leur écalopes, vous en tirerez la premiere purée, qui est la plus excellente ; puis vous les remplirez d'eau boüillante pour en tirer la seconde purée, & les faire écaloper; aprés quoy vous en passerez une partie pour faire le pottage du commun quand ils seront suffisamment cuits; si vous en voulez fricasser de bons, il n'en faut tirer aucune purée, mesme les passer pour fricasser, afin d'oster les écalopes, & qu'ils soient plus delicats.

Quand vous en fricasserez, il faudra faire roussir de l'oignon haché, ou de la ciboulle, dans de la graisse de bœuf, du lard, sains-doux, ou beurre, puis verser vos pois dans la poësle, les assaisonner de sel, (si vous n'en avez mis en cuisant,) les épicer & y mettre deux brins de thin, marjolaine, ou autres herbes fines, & sur la fin de la cuisson un peu de vin-aigre pour y donner la pointe.

Quelques uns au lieu de les fricasser

les mangent à la saugrenée, les mettant dans un plat sur un rechaud de feu, avec du beurre, du lard, ou de la moëlle de bœuf, & les assaisonnent comme les fricassez.

Pour faire une bonne purée il faut prendre de la premiere, & y mettre cuire de l'ozeille & autres herbes à pottages, des racines de persil, des raiponces, des capres, & du pourpier perce-pierre, ou concombre salé.

Et pour apprester des pois à l'eschignée de porc, ou autre chair sallée, il faut les cuire sans en tirer aucune purée, & apres qu'ils seront écalopez, au lieu de les remplir d'eau chaude à l'ordinaire, il faut prendre du gras du pot, où cuit vostre salé, & ne les faire achever de cuire qu'en mittonnant sur un petit feu qui chauffe par dessous, en remuant & retournant souvent de crainte qu'ils ne s'attachent au pot & ne brûlent: vous mettrez aussi quelque herbes fines dans le pot au salé pour donner le goust aux pois, & quand vous dresserez le salé

DE LA CAMPAGNE. 153
dans le plat, vous prendrez du plus clair de vos pois pour mettre par dessus, si vous voulez les parer avec le pain frit, il y conviendra bien.

CHAPITRE XXXVI.

Des Lentilles.

Elles sont fort faciles à cuire, & se peuvent manger fricassées & à la saugrenée, ainsi que les pois, on en met aussi au pottage à la chair, dans celuy au beurre ou à l'huile.

CHAPITRE XXXVII.

Des Féves.

A La plus grande nouveauté des féves on les apprête sans les fraiser, (c'est à dire sans leur oster la robe ou l'écalope) & on les fricasse comme les pois tendres, avec le beurre roussi, le sel, l'épice, & un peu d'eau pour les faire cuire ; la sarriette verte est une herbe fine qui convient merveilleusement bien aux féves, & sans laquelle elle ne peut estre bien assaisonnée, les tranches de lard, & la cresme douce, les rendent encore bien plus friandes.

Quand elles sont plus grosses, on les fraise, & on y met des laictuës comme aux pois, & du pourpier aussi, sans obmettre la sarriette.

Encore plus grosses prestes à jaunir, on les fraise, & on les fait cuire en étuvée avec l'eau, le beurre, épice & sarriette, puis on les passe par la passoire, & on les fricasse dans le beurre roux ; les jours gras on coupe du lard par petites billes, & on les cuit dans la poësle avec un peu d'eau auparavant que d'y mettre la pâte de féves ; Pour le commun du logis, on ne les fraise point, les mettant simplement en étuvée comme dessus.

Quand elles sont seches on les fait cuire, & on y met de la poudre de feüille de sarriette que l'on aura cueil-

'lie & sechée en saison lors qu'elle est en fleur.

Dans le dernier Traité du Jardinier François en la seconde Section, j'ay enseigné à secher, conserver & apprester des féves vertes, je vous y renvoye.

Les Italiens mangent les féves toutes cruës à la nouveauté quand les gousses sont encores tendres, ainsi que nous faisons les raves, qui est avec le sel tout seul.

CHAPITRE XXXVIII.

Des féves rosses.

Elles se mangent en haricots à la nouveauté, c'est à dire avec la cosse, si elles ont des filets aux jointures des deux parchemins, on les tire, par aprés on les fait parbouïllir, & on les fricasse & assaisonne de tout comme les pois sans cosse, & aussi la cresme pour épaissir la sauce, celles qui sont sallées, seront mises dans les purées, & seront fricassées ainsi que les concombres confits.

Quand elles sont seches on les fait cuire avec fort peu d'eau, puis on fait roussir de l'oignon, & on les fricasse & assaisonne aussi comme les pois, leur donnant la pointe de vin-aigre. En pottages maigres, elles peuvent aussi estre servies sur les bonnes tables.

CHAPITRE XXXIX.

Du Ris.

LE ris estant épluché, il le faut laver dans l'eau tiede, le mettre tremper, & revenir sur les cendres chaudes, avec peu d'eau, afin qu'il renfle plus promptement, le retournant souvent avec la cuillier, quand il est crevé & bien revenu il le faut cuire; si c'est pour le pottage à la

DE LA CAMPAGNE. 157
viande il y faut mettre du plus gras boüillon, & toûjours peu à peu, afin qu'il cuife plûtoft ; aux Villages ils y mettent du faffran pour luy donner la couleur & le gouft qu'ils y ont accoûtumé de toute ancienneté quoy que mauvais, & fi c'eft pour les jours maigres au lieu de boüillon gras, vous y mettrez du laict, le mettant peu à peu, de temps en temps, jufques à ce qu'il foit cuit, & quand vous le fervirez, vous le poudrerez de fucre.

Il fe fait des pots de terre doubles qui prefervent le ris de brûler & attacher au pot, à caufe de l'eau qui eft entre les deux pots, c'eft une grande commodité, & qui releve beaucoup du foin de retourner fi fouvent qu'il eft neceffaire quand le pot eft fimple, parce que le ris eft extrémement fujet à s'attacher au pot & à brûler.

CHAPITRE XL.

De l'Orge monde.

IL se prepare ainsi que le ris, tant pour les jours gras que les maigres, & on en tire un laict ou boüillon que les Medecins ordonnent à ceux qui en ont de besoin, pour les faire dormir.

CHAPITRE XLI.

Des pommes.

LEs pommes se cuisent entieres devant le feu ayant cerné la teste & le trognon, en leur mettant dans le trou de chacune un morceau de beurre frais que vous roulerez dans le sucre en poudre; si l'on ne leur oste la teste il faut les picquer en plusieurs endroits avec la pointe du coûteau, à cause des vents qui feroient crever la peau & perdroient la meilleure partie de leur moëlle; on en coupe par moitiées, & l'on cerne un peu de la peau tout au tour, puis on les met rôtir sur les charbons, & pour les servir on oste toute la peau qui quitte la pomme comme un petit bonnet; puis on les sucre.

L'on en met cuire sous la cloche leur ostant la teste & le trognon, en remplissant le trou de sucre en poudre, & fort peu de canelle, l'on leur coupe la peau en croix jusques prés de la queuë, afin que quand on les sert on puisse ouvrir facilement cette peau jusques au bas de la pomme sans la détacher.

On en fait boüillir dans un pot de terre, avec le beurre, le sel, & la canelle, les y mettant cuire, entieres, ou pellées, ou par tranches.

On en fricasse aussi au beurre ou à l'huile, les tranchant par roëlles assez épaissez, & ostent le trognon, puis en les servant on les poudre de sel ou de sucre.

Par tranches, on les plonge dans de la pâte à beignets bien claire, composée ainsi que je vous enseigneray dans l'article des œufs cy-apres, puis on les frit dans le beurre ou saindoux & on les sucre en les tirant de la poësle si vous voulez les enroser de quelques gouttes de bonne eau rose, ou autre eau de senteur, vous les rendrez fort agreables, les pommes de bretagne ou de chataigner sont les meileures pour faire des beignets.

L'on en cuit aussi au four dans des terrines, & on en fait des pastez & tartinages.

Pour les compostes de toutes sortes d'inventions, nôtre Jardinier François vous les enseignera en la cinquiéme section de son troisiéme traité, comme aussi celles de toutes les autres sortes de fruicts.

CHAPITRE XLII.

Des poires.

Elles se cuisent ordinairement sous les cendres chaudes, leur ayant

ayant ôté les queuës, qui en bruſlant enfumeroient les poires, quand vous jugerez qu'elles ſeront cuittes vous les deterrerez, & les ferez un peu rotir ſur les charbons, tant pour en lever la peau avec plus de facilité que pour leur donner la couleur & le gouſt, vous les poudrerez de ſucre en les ſervant.

On en fait auſſi rôtir ſur les charbons, & l'on en cuit des chaudronnés entieres avec le ſidre ou vin, y mettant un peu de canelle & de girofle, puis le ſucre ſi l'on veut.

Les meilleures à cuire & à roſtir (que l'on appelle poire de cuiſine,) ſont celles de petit certeau, & de franc real, autrement dites de femelle, ou de nôtre Dame, le dagobert, chef de galon licquet, & ratot ſuivent apres.

Vous notterez que toutes poires qui ſont à coûteau (c'eſt à dire qui ſe mangent cruës,) ſont tres excellentes cuittes, & ſurpaſſent meſmes celles de cuiſine.

O

CHAPITRE LXIII.

Des Pesches & Pavies de toutes sortes.

ON les cuit sous la cendre, & on les fait griller sur les charbons, puis on les dépoüille, & on les sucre.

CHAPITRE XLIV.

Des Noix.

QUand elles sont encor' jeunes, & que le cerneau est formé dedans vous les ferez cerner avec un coûteau de laton, de crainte que le fer ne les noircisse, & les jetterez à mesure dans l'eau fraiche, les y laissant jusques à ce que l'on les veüille manger ; en les tirant de l'eau, vous les poudrerez de sel menu, & les retournerez plusieurs fois; les plus delicats les veulent tous épluchez, & y font mettre le sucre en poudre, & quelque goutte d'eau rose.

Quand elles sont plus meures & qu'elles commencent à quitter d'elle-mesme leur écaille verte, on les cassera, épluchera & assaisonnera comme les cerneaux.

Pour les noix seches, si l'on veut on les pellera avec l'eau chaude, pour les manger au sel ou sucre, ainsi que les noix vertes.

Des noix seches se tire l'huile, de laquelle en quelques contrées on se sert dans les pottages & dans les sallades.

Outre cette huile & celle d'olives qui est la plus excellente pour les sallades, & fritures ; il s'en fait de tres-bonnes avec des faines, qui sont des petites châtaignes, lesquelles sont des graines & fruits des hestres ou foûteaux ; j'en ay plusieurs fois mangé.

CHAPITRE XLV.

Des Amandes.

LEs vertes seront cassées & pelées, pour les servir avec le sucre &

l'eau rose ; Quant aux seches, il les faut échauder, & à mesure que l'on les pele les jetter dans l'eau fraiche, puis on les sert assaisonnées comme les precedentes, on les fricasse aussi dans l'huile d'olives, ou dans le syrop de sucre, d'où on les tire, & on les dresse sur l'assiette, elles s'y entretiennent en rocher ou motte.

L'huile d'amandes douces tirée sans feu est tres-excellente en sallades, & à beaucoup d'autres necessitez de la vie.

Les amandes grossieres, tant vertes que seches, se servent sur les meilleures tables, sans estre épluchées, mais ainsi que l'on les cueille à l'arbre.

CHAPITRE LXVI.

Des Marons & Châtaignes.

ON les fait boüillir dans l'eau & le sel, puis on les sert chaudes dans une serviette pliée, on les rostit sur la flambe dans une poësle percée à grãds trous, les ayant fenduës par le germe à cause qu'ils creveroient ou petteroient à la chaleur, pour les cuire sous la cendre chaude, il suffit de les enfiller avec du gros fil ainsi que des grains de chapelet, car si on les fendoit, ils se saliroient dans la cendre, quand vous jugerez qu'ils seront cuits, vous les déterrerez, & les mettrez sur le brasier ardent pour achever de cuire ceux qui ne le seront pas assez & pour leur donner couleur de rosty, afin qu'ils s'écalopent plus facilement; par aprés vous les mettrez sur l'assiette, & appuyrez dessus avec une autre assiette, pour les applatir & entr'ouvrir, puis vous les enroserez de jus d'orenge (qui est leur vraye sauce) & les poudrerez de sucre, au deffaut de jus d'orenge, celuy de citron, l'hypocras ou autre vin precieux, l'eau de fleurs d'orenges, ou de roses, l'essence de canelle, de girofle, fenoüil & anis, le musc & l'ambre sont tous ingrediens ravissans pour ameliorer les marons.

& beaucoup d'autres bons fruits cuits & cruds.

Pour tirer beaucoup de jus d'une orenge, il la faut cogner & la mettre un peu chauffer.

CHAPITRE XLVII.

Des Nefles & autres fruicts mols.

EStant molles on les manges cruës, ou cuites, les ayant mises devant le feu comme les pommes, ou fricassées dans le vin & le sucre, puis poudrées de sucre, on leur ôte les cinq aîles & le bouton de la queuë avant de les mettre dans la poësle.

Si les nefles tardent trop à mollir, il les faut rouler assez rudement, ou les brûler dans quelque nappe, puis les remettre en mijol, cela les hâtera de beaucoup.

Les cormes, alizes, aserolles, poires de gros mesnil, & autres fruits qui ne se mangent que mols, s'assaisonnent comme les nefles.

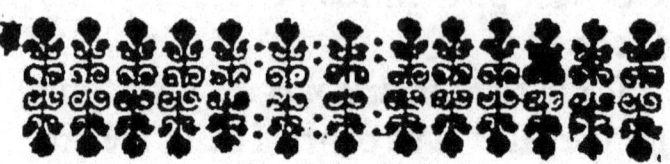

CHAPITRE XLVIII.

DES OEVFS.

Quoy qu'il eut esté convenable de mettre cét article cy en son lieu au commencement du troisiéme Livre, comme estant l'origine de volailles, neantmoins à l'occasion que ce second n'eut pas esté si ample que les deux autres qui l'enferment, d'autant que j'ay plûtost manqué de matiere que de bonne volonté; j'ay creu qu'il n'estoit point hors de propos de le placer en suitte des racines & fruicts; & y joindre aussi le laict, à la consideration des Capucins à qui ce Livre est offert, quoy qu'il y ait plusieurs excez de delicatesse & mignardises, dont ils n'ont ny le moyen, ny la volonté de s'en servir, ils pourront prendre ce qui leur sera propre, & laisseront le surplus pour les riches voluptieux.

Nous dirons en premier lieu, que pour conserver long temps l'œuf dans sa bonté, & qu'il paroisse frais avec le laict dedans (encore qu'il y ait desja plusieurs jours qu'il soit pondu,) il faudra aussitost qu'il sera sorty de la poulle, le mettre dans l'eau fraische, & qu'il y trempe par dessus, ne l'en retirant qu'alors que l'on le voudra manger, c'est une experience tres facile à faire, & qui est bien approuvée, la raison est, qu'estant dans l'eau ce plus subtil laict ne peut s'evaporer, & l'œuf se conserve toûjours si plein que par la petitesse du cercle que l'on voit au gros bout en le mirant au Soleil ou à la chandelle, l'on le croit toûjours frais quoy qu'il soit vieil pondu, si vous le gardez long temps il sera bon de changer parfois d'eau de crainte qu'elle ne s'empuantisse.

Oeufs

CHAPITRE XLIX.

Oeufs à la coque.

Chacun à sa maniere pour cuire l'œuf à la coque; l'un le met dans le poëllon sur le feu avec de l'eau froide, & aussi-tost qu'elle a jetté son premier boüillon il le retire; l'autre veut que l'eau boüille avant que d'y mettre l'œuf, puis il compte jusques au nombre de deux cens prononcez distinctement, & aprés il tire l'œuf hors de l'eau; ces deux manieres ne sont si certaines que celle-cy qui est beaucoup meilleure, à cause qu'elle cuit l'œuf également jusques au milieu, au lieu que les autres deux premieres ne font que saisir le blanc de l'œuf, & le moyen n'est pas souvent échauffé ; je diray donc, que la plus certaine façon de le bien cuire, & la plus aisée à pratiquer, est de mettre sur le feu deux pintes d'eau dans un poëllon, & quand

P

elle commencera à vouloir jetter son premier boüillon y mettre les œufs, en mesme temps oster le poëslon de dessus le feu, & le poser à terre proche des chenets, & quand l'eau sera assez refroidie pour pouvoir tirer les œufs de dedans avec la main sans vous incommoder, ils seront en leur parfaite cuisson.

On en cuit aussi sur les cendres chaudes, mais il faut un peu casser le gros bout de crainte que l'œuf ne pette & se perde, ou bien quand il commencera à s'échauffer, mettre une goutte ou deux d'eau sur le bout.

Faute de feu, on les pourroit faire cuire dans de la chaux vive, en les enterrant dans du bloc cuit & jettant de l'eau par dessus en quantité suffisante pour l'échauffer, mais on ne pourroit juger du peu ou du trop cuit.

Pour faire durcir des œufs, il n'y a qu'à les faire cuire long temps à petit feu, & les laisser reposer dans leur eau, puis pour oster la cocquille, les mettre dans l'eau fraîche, les caſſer de tous coſtés, & les écaller promptement.

Si vous voulés teindre des œufs, ainſi que l'on fait à Paſques, il faut les laver dans de la lexive aſſés chaude que vous ferés exprés, mettant boüillir de la cendre dans de l'eau, avec un peu de gravelée; puis ayant bien eſſuyé les œufs, il les faudra mettre dans un pot ou chaudron plein d'eau juſques à la hauteur des œufs, avec du bois de brezil haché, & de la couperoſe verte pour en tirer la teinture, puis les faire boüillir aſſez long temps, les remuant par fois bien doucement crainte de les caſſer, & pour les teindre également par tout; ayant pris aſſez de couleur, oſter le chaudron de deſſus le feu, & les laiſſer entierement refroidir dans la teinture avant que de les retirer.

Vous en ferés de jaunes avec du ſaffran & de la graine d'Avignon, de bleus avec de l'inde, de bruns avec de l'écorce d'aulne, ou de la ſuye, ou des cocquilles do noix vertes, & ainsi des autres couleurs.

On couppe des œufs durs par quartiers que l'on met sur les sallades de menuës herbes.

A la sauce verte, laquelle se fait avec le bled vert, l'ozeille & le persil pilez ensemble, puis on y ajoûte la rapure de crouste de pain passée bien deliée par un tamis avec quelque peu de zimzembre.

A l'ozeille cuitte sans eau entre deux plats avec du beurre seulement, & assaisonnée de sel & d'épices selon le goust d'un chacun ; si l'on est bien pressé de l'apprester, on la pourra fricasser dans la poësle.

A la farce faite d'ozeille, poirée, jeunes épinars, pourpier, & autres bonnes herbes, que vous hacherez menu avec peu de cibouslette & persil, laquelle vous mettrez cuire dans un plat sur le rechaut avec beurre, sel & épiceries, ou bien la passerez par la poësle avec les assaisonnemens susdits estant cuitte, vous y meslerez des jaunes d'œufs durs bien émiez; & pour la liaison, vous y casserez un œuf frais entier, ou plusieurs, selon la quantité; puis pour le servir, vous rangerez vos moitiez ou quartiers d'œufs proprement dessus y mettant si vous voulez les blancs, desquels vous aurez émié les jaunes.

Dans du beurre roux, & oignon frit on fricassera des œufs durs tranchez par roëlles, puis on y donnera la pointe de vin-aigre, les ayant assaisonnez de sel & épiceries à discretion; si l'on y veut ajoûter la moutarde, ce sera un grand ragoust.

CHAPITRE L.

Oeufs pochez, ou au miroir.

Faites fondre du beurre dans un plat, puis cassez des œufs, & les versez dedans sans crever les moyeux, mettrés sur chaque moyeu trois grains de sel, & rapez dessus de la muscade, y adjouſtant un petit filet de verjus, & les cuiſés ; ſi vous voulés les retourner pour les cuire par deſſus, vous le pourrés faire quand ils commenceront à ſe lier : ſi vous voulés auſſi, vous les broüillerés pour tout meſler enſemble.

Si vous caſſés des œufs dans du jus de gigot, & que vous les laiſſiés entiers, ou que vous les broüilliés en cuiſant, y mettant un peu de muſcade, c'eſt ce que l'on appelle des œufs à la huguenotte.

Dans toutes ſortes de bonnes ſauces, comme d'aſperges, champignons, & autres, on y caſſera des œufs, qui ne peuvent eſtre que tres-bons.

On poche auſſi des œufs dans l'eau boüillante, puis on les retire avec l'écumoire, & l'on y fait une ſauce comme celle des œufs au miroir, ou à l'oignon frit, & à la mouſtarde délayée avec vin-aigre : Les Medecins tiennét que cette maniere de cuire les œufs eſt la plus ſaine de toutes, mais il n'y faut point de sauce.

On les poche auſſi au beurre noir dans la poëſle, y faiſant la meſme ſauce qu'aux œufs durs tranchez par roëlles.

Les goinfres prennent la paëſle du feu, la font chauffer, & la beurrent un peu, puis pochent deſſus des œufs n'en caſſant qu'un à la fois, & y font une pareille ſauce que la precedente, à l'oignon & à la moutarde, la nommant la ſauce au Diable, mais le propre mot eſt barbe à Robert.

CHAPITRE LI.

Omelette.

IL faut avoir une poëſle qui ne ſerve qu'aux omelettes, & ne la point écurer, mais ſeulement la bien eſſuyer d'un linge blanc avant & aprés que l'on y fera des omelettes : dans cette poëſle faites y fondre un bon morceau de beurre frais, & le chauffez tant qu'il ne petille plus, ou ne face plus de bruit, qui eſt le vray temps quand il commence à rouſſir, puis y verſez les œufs dedans, (leſquels auront eſté battus un long eſpace de temps auparavant, & ſalez a diſcretion) donnez y le feu bien vif, afin que l'omelette prenne une belle couleur ſans eſtre par trop cuitte, mais qu'en la tirant du feu elle ſoit un peu baveuſe ; puis la coulerez dans un plat ſur une aſiette, ou bien la retournerez, ou rouſſerez ſelon l'appetit d'un chacun, & ceux qui y ayment le vin-aigre, y en répandent un petit filet.

Le beurre ſalé, ne fait jamais les omelettes ſi belles que le frais, & eſt ſujet à les faire attacher à la poëſle.

Dans des œufs battus, vous y pourrez mettre du perſil, de la ciboulette, du thim, de la marjolaine, des fleurs du ſureau, & autres herbes fines ſelon voſtre gouſt.

Si vous voulez y mettre du formage fin en petites billes ou tranches, il faut que les œufs ſoiét verſés dans la poëſle, & commencent à ſe lier auparavant que de jetter deſſus le formage, car il s'attacheroit à la poëſle.

Pour la faire excellente & bien delicate, il faut ôter la moitié des blancs des œufs, & ajoûter une cueillerée de creſme douce, puis bien le battre & ſaller à diſcretion, faire l'omelette à l'ordinaire, la cuiſant un peu plus ſeche, pour la dreſſer retournée, & la poudrer de ſucre.

L'Omelette à la celeſtine ſe fait dans une petite poëſle de la largeur que vous voudrez que ſoit voſtre omelette, laquelle vous ferez bien chauffer, puis la tirerez de deſſus le feu, & verſerez dedans un peu de bonne huille d'olives, & apres en avoir arrouſé la poëſle de tous côtez, reverſerez l'huile qui reſtera, en cas qu'il y en ait de trop, puis vous coulerez dedans vos œufs battus, où il y aura de petits loppins de bon beurre frais, autant qu'il en faudroit pour fricaſſer à l'ordinaire pareille quantité d'œufs que ceux que vous mettrez pour la celeſtine; & vous remuërez & tournerez avec un bâton comme vous feriez de la boüillie, jusques à ce qu'elle commence à lier ou prendre, ce que voyant, vous la laisserez achever de cuire; & quand vous jugerez que l'omelette sera assez seche, vous la dresserez retournée; il faut qu'elle soit épaisse de deux doigts ou environ car elle se couppe en parts de gasteau.

Pour l'omelette au lard, il le faudra coupper par petites billes, & le cuire dans le beurre avec un peu d'eau: Et quand l'eau sera toute dessechée, & que le lard commencera à roustir, vous verserez les œufs battus, & l'omelette estant cuitte, vous la dresserez un peu baveuse sans la retourner.

Au jambon de mayence, le beurre estant prest, & les œufs versées dans la poësle, lors qu'ils commenceront à se lier, il faudra y jetter des petits morceaux de jambon, & l'ayant dressée y repandre un jus d'orenge ou de citron, & au deffaut, du vin-aigre simple ou rosat, ou à l'ail, ou autre.

Aux champignons cuits & bien af-
faisonnez, vous vous gouvernerez
comme au jambon.

CHAPITRE LII.

Vn flan.

IL faut caſſer des œufs dans un
plat, puis les deſlayer avec du
laict, verſant petit à petit, & mettrez
dedans de petits morceaux de beutre
frais, avec un peu de ſel & du ſucre
en poudre dans un autre plat qui ſera
ſur le feu, & y verſerez cette détrempe, la tournant avec la cueiller, tant
qu'elle commence à ſe prendre & lier:
lors vous ceſſerez de tourner, & la
laiſſerez achever de cuire, de la cuiſſon ſur la fin vous donnerez couleur
au flan avec la paëſle du feu, qu'aurez
fait rougir, l'approchant le plus prés
que vous pourrez, ſans pourtant y
toucher : & en le ſervant, vous le
poudrerez de ſucre.

Pour le rendre plus excellent, oftez quelques blancs des œufs, & y mettez de la creme douce, & du sucre musqué avec fort peu de bonne canelle en poudre.

Pour le faire moindre, détrempez y un peu de farine de froment, ou de la mie de pain blanc en battant les œufs.

CHAPITRE LIII.

Œufs mignons, ou à la Portugaise.

IL faut deflayer des jaunes d'œufs avec de bonne eau rose, puis les passer à travers l'étamine pour en ôter les germes, & y mettre force sucre en poudre, & de l'écorce de citron confite, bien battuë dans le mortier, mesler bien le tout ensemble, puis faire fondre du sucre & l'écumer; Quand il commencera à se cuire, versez cette détrempe dedans, & la cuisez en telle consistence qu'elle se puisse étendre sur le biscuit avec le coûteau sans couler, n'estant trop liquide, ny aussi trop dure, les biscuits de savoye & de piedmond y sont tres-propres, à cause qu'ils sont plus fins que les ordinaires, vous les enjoliverez avec dragées de cavelas de milan, grosse ou petite, de la nompareille de verdun de toutes couleurs, & les picquerez de pistaches cruës, & de trenches d'écorce de citron.

Faute de biscuit on les dresse sur une mie de pain en rocher

Si vous leur voulez donner la couleur verte, il faut piler des feüilles de poirée bien verte, & en tirer le jus pour mesler avec l'eau rose en delayant les œufs, mais vous faudra saller davantage les verts que les jeunes.

Les fleurs d'orenges confittes ornent grandement ces sortes d'œufs, & si l'on les poudre d'un peu de sucre musqué ou ambré, c'est la perfection.

CHAPITRE LIV.

Nulles.

JE me suis laissé dire qu'un certain Italien, nommé le Seigneur Nullio, Escuyer de cuisine d'une grande Princesse, a esté l'inventeur de ces mets, dont il porte le nom de Nulle, qui se fait avec une détrempe de jaunes d'œufs, eau de rose, & sucre, accommodée comme dessus, avec fort peu de sel; & au lieu de la verser dans un syrop, on la met cuire dans un bassin ou assiette d'argent sur le feu de charbon, & on la tourne doucement jusques à ce qu'elle commence à se prendre; puis on la laisse achever de cuire en consistence de boüillie bien épaisse, sans pourtant la laisser trop durcir: elle se sert toute chaude sur la table, l'ayant poudrée legerement de sucre ambré & musqué, y picquant des tranches d'écorce de citron, ou des pistaches; vous luy donnerez aussi la la couleur verte avec de la poirée la salant un peu davantage.

CHAPITRE LV.

Œufs filez.

Vous prendrez du sucre que ferez cuire jusques en sirop assez épais; puis vous aurez un entonnoir qui aura cinq petits thuyaux de la grosseur d'un ferret d'éguillette, dans lequel vous mettrez de la détrempe d'œufs mignons qui soit de telle liaison qu'elle ait peine à couler par les trous de l'entonnoir, & qu'elle tombe dans le sucre boüillant, variant & tournant l'entonnoir, de peur que les filets ne s'attachent en masse : mais qu'ils se meslent & lacent les uns dans les autres: à mesure que vôtre entonnoir se sera vuidé, vous les retirerez de dedans le sucre, avec la petite écumoire à confiture; les dressant tous chauds en rochers sur des assiettes, puis vous les poudrerez de sucre, &

les larderez de tranche d'écorce de citron, canelas ou orengeat & pistaches, vous en ferez aussi de verts avec jus de poirée, ou des feüilles de fenoüil vert, de violets, avec le torne sol ou sirop violat, de rouges, avec le jus de bettes-raves, ainsi d'autres couleurs.

Vous ne ferez aucune difficulté d'employer toutes sortes d'œufs, comme d'oyes, canes, poulles d'inde, faisans, perdrix, & autres oyseaux, car ils sont tous bons à manger, mais ils sont plus secs que ceux de poulles de cour, & par consequent il y faut plus de beurre ou de détrempe.

CHAPITRE LVI.

Œufs au verjus.

IL ne faut que deslayer des œufs & du verjus, plus ou moins, selon vostre appetit, les saler, & les mettre cuire en les tournant, comme de la boüillie, jusqu'à ce qu'ils soient cuits.

Des

CHAPITRE LVII.

Des Beignets.

LA pâte à beignets se fait avec de la farine, de formage mol, de laict, de vin blanc, des œufs, & du sel à discretion, que l'on détrempe bien ensemble, en consistence de boüillie.

Dans cette pâte on trempe des tranches de pommes, puis on les jette l'une aprés l'autre dans la friture de beure ou sains-doux, & on les retourne quand ils ont pris une belle couleur jaune; puis on les tire avec l'écumoire pour les égoutter, où on les picque d'une brochette de bois, & on les sucre pour les servir y ayant degoutté un peu de bonne eau rose.

De cette pâte toute seule, on fait des crespeaux de la grandeur de la poësle, en la faisant chauffer;& y mettant un peu de friture pour empescher seulement que la pâte ne s'attache;

puis on y verse dedans de cette paste, & quand on juge qu'elle est cuitte par dessous, on secouë la poëlle pour retourner adroittement le crespeau sans y toucher de la main ; puis quand on croit qu'il à pris assez de couleur des deux costez, on le coule hors de la poëlle pour en recommencer un autre.

Dans cette mesme paste aussi, au lieu de pommes, on trempera des petites tranches de formage fin que l'on frira & ce seront des gofres beaucoup plus agreables que celles qui se font dans les goffriers.

On fait aussi de cette paste plus fine en ostant la moitié des blancs d'œufs & la tenant plus liquide, dans laquelle on trempera des champignons de toutes sortes, des artichaux & des autres frittures que j'ay dites & diray cy-apres.

De cette derniere, on en met sur une assiette, & avec un crochet de fer (comme celuy du bout du manche d'une cueiller à pot) on tire des petits loppins gros comme féves, que l'on fait tomber dans la friture bien chaude, puis on les frit, & ils se boursoufflent côme des vesces de loup; quand ils ont assez de couleur qui est le point de leur vraye cuisson, on les tire auec l'escumoire, puis estant égouttez on les dresse, & on les poudre avec force sucre, & quelque bonne eau de senteur par dessus.

On en fait aussi des fritteaux avec les marques semblables à celles dont on marque les moutons ; lesquelles on trempe dans la fritture chaude, puis on les pose doucement sur cette paste, afin qu'elles en soient endorées seulement par la superficie, & non plus, apres on la trempe dans la fritture, qui la destache de la marque, & la cuit, la faisant bouffer, & la rendant fort legere ; quand le fritteau a pris couleur, on le retire avec une brochette de bois pour le mieux égoutter.

Si vous voulez donner à vos fritteaux des couleurs diverses, vous les pourrez faire en vous servant des jusque j'ay dites pour teindre les œufs mignons, & autres.

Ces fritteaux servent à armer plusieurs pottages & cour-boüillons, ausquels ils conviennent fort bien.

Pour faire d'excellens beignets d'une autre maniere, prenez de la farine seule & la détrempez avec eau claire un peu plus épaisse que pour faire de la colle, puis mettrez un peu de sains-doux ou beurre dans la poësle, & étát chaud versez le reste hors de la poësle, mettez une bonne cueillerée de cette détrempe dedans & la cuisez un peu, la tournant des deux costez; puis en ayant fait plusieurs de ces crespeaux, maniez les bien avec la main & les détrempez avec des œufs ostant quelques blancs; & à faute que ne puissiez la bien mesler, passez là à l'étamine ou au sas, ainsi que l'on monde la caffe, & de cette paste faites en tout ce que dessus, l'eau de fleur d'orenges est excellente pour la destrempe.

Vous pourrez faire aussi une paste

bien plus simple, si vous n'avez tout à commodité; en prenant seulement des œufs, de la farine, du verjus, & du sel, & en cas que vostre verjus fût trop fort, vous y mettrez un peu d'eau, de laquelle pâte vous en ferez toutes vos fritures si vous voulez, reservé les beignets au sucre.

CHAPITRE LVIII.

DU LAICT, ET DE son Beurre.

JE n'entreprendray point icy de discourir des qualitez du bon laict, ny si les vaches noires le font meilleur que les blanches ou rousses, j'en laisse le jugement à Messieurs les Medecins; mais je diray seulement qu'il y a plusieurs conditions requises pour avoir de bon laict, à sçavoir qu'il faut que les vaches ne soient ny trop jeunes, ny trop vieilles, qu'elles ne soient point sauvages ou coureuses, mais paisibles, tant dedans que dehors le logis, qu'elles ne soient point en chasse ou amour, que leur laict ne soit sujet à tourner en cuisant, & qu'il soit plûtoft jaune que blanc, qu'elles soient en bons pâturages ; preferant celles des montagnes à celles qui paissent dans les vallées ou marais, d'autant que le laict retient toûjours quelque goust de la nourriture que prend la vache, & en dernier lieu, qu'elles ne soient point oubliées à la maison, mais bien nourries, & proprement établées.

Quelques-unes sont bonnes à laict, autres au beurre, & autres au formage, plus le laict rend de cresme & moins les formages en sont bons comme au contraire, moins il cresme, & meilleurs en sont les formages.

J'ay toûjours oüi faire grande estime du laict de Nigeon, qui est un petit village au dessous de Paris, proche les Minimes: Pour le beurre, celuy de Vanves, & de toute la montagne de Meudon, qui par sa belle scituation est regardée si favorablement du Soleil, qu'elle produit quantité de bonnes herbes medecinales, qui ne se retrouvent en aucun autre endroit à plus de cent cinquante lieuës loin, & qui la font nommer par les Simplistes le petit Montpellier: les autres pays ont leurs bons laictages aussi, oomme à Roüen la cresme de Sotteville, aux Pays-Bas le beure Dixmude, & autres.

Pour avoir de bon laict, il y faut apporter de la propreté jusques à l'excez tenant toûjours les terrines, barates, & autres ustencilles (tant grandes ou petites qu'elles soient,) bien échaudées & lavées: il faut aussi que celles qui les gouvernent ayant inclination à la propreté, tant sur leurs personnes, qu'à nettoyer & laver souvent leur laicterie, d'autant que le laict prend facilement le gouſt & odeur du lieu où il repoſe.

Il a tant de petites obſervations au ſurplus de ſon gouvernement, en l'hyver & en eſté, qu'il me faudroit faire un volume entier pour les décrire tous; je me contenteray ſeulement de dire, que la creſme eſtant montée, elle ſera levée & miſe dans la baratte pour y eſtre battuë; & ſi le beurre eſt trop long temps à ſe prendre, il y faut mettre du laict tout venāt de la vache avant qu'il ſoit refroidy, ou au défaut quelque piece d'argent approchant auſſi la baratte aſſez pres du feu l'eſchauffer, mais non trop auſſi, car le laict ſe bruſleroit.

Le beurre eſtant fait & bien lavé, celuy que vous voudrez garder pour frire ſera enveloppé d'un linge blanc & porté dans la laicterie fraiſchement.

Celuy que voudrez garder ſera ſalé à l'inſtant ſans tarder davantage, car vous auriez peine à le remanier, s'il eſtoit refroidy & endurcy.

Vous

DE LA CAMPAGNE. 193

Vous mettrez une livre de gros sel à douze livres de beurre, le sel blanc seroit beaucoup plus propre, à cause qu'il est nétoyé du limon qui est dans le sel noir.

Si vous voulez faire du sel blanc, il faudre mettre fondre du noir dans l'eau claire, puis le philtrer en trempant des lizieres de drap dans cette saumure, & qu'il en sorte un bout lequel pendra hors le vaisseau, il attirera (en forme de pompe) toute cette eau sallée jusques à la derniere goutte, ou bien vous la coulerez dans une chausse à hypocres; ou au moins à travers du papier broüillars, pour oster toutes les ordures & bouë qui est dás le sel, lequel par consequent diminuëra beaucoup de son poids.

Estant coulée, vous la mettrez dans un chaudron sur le feu où vous la ferez boüillir tant qu'elle revienne en sel, retournant souvent sur la fin de crainte que ce sel ne s'attache au chaudron, puis estant bien sec, vous le mettrez dans la chausse d'hypocras.

R

le long du feu, avec quelque vaisseau dessous pour recevoir les égoutures, & quand il ne distilera plus, vous le retirerez de la chausse, pour le serrer dans des boëttes en lieu sec.

Si vous mettez ce sel tout sortant du chaudron dans des pots ou creuzets de terre qui ayent un trou au bas, tels que sont ceux à mousler les pains de sucre, il se mettra en pain qui estant proprement fait & bien blanc, est fort honneste à presenter.

Si vous voulez garder vostre beurre sans saler, vous le ferez cuire dans un chaudron, & quand la force de son boüillon sera passée, il s'appaisera & se clarifiera comme de l'huile, laissant son écume dessus, & son bat-beurre au fonds, alors vous le descendrez du feu, & l'écumerez curieusement pour le retirer du chaudron par cueillerée sans broüiller le fonds, qu'il faudra mettre à part pour estre employé dans les pottages du commun, & mangé le premier.

DE LA CAMPAGNE. 195

Ce beure affiné ou fõdu, est fort bon pour les fritures entremets, patisseries & sallades, les bonnes menageres le doivent estimer, & en faire provision à cause qu'il ne se mange point sur le pain en leur absence, ainsi que l'autre.

Le laict de beurre qui restera dans la baratte est bon à faire de la souppe au commun, jettant dedans un oignon fricassé par tranches, l'ayant sallé à discretion, & le tirant du feu à son premier boüillon, mangé tout sortant de la baratte avec de la mie de pain blanc, il est fort sain & rafraichissant pourveu qu'il n'ait point trop long-temps sejourné à laicterie avant que d'estre battu.

L'on accommode du beure avec des amandes battuës comme pour le massepain ; puis on le passe à travers une étamine, & on le file dans une seringue de bois faite exprés, laquelle a plusieurs ajustages au bout pour la diversité; & au defaut de seringue on met ce beurre dans une passoire, & le poussãt avec la main on le for,

R 2

passer, & le filer à travers les trous: puis on le dreſſera en rocher ſur une aſſiette, y mettant des fleurs de bugloſe dans la ſaiſon.

On file auſſi du beurre ſans amandes, y mettant un peu de jus d'ail pour ceux qui l'aiment, avec du ſel bien menu.

CHAPITRE LVIII.

Des Formages.

POur faire d'excellens formages il faut non ſeulement que le laict ſoit bon; mais auſſi que la preſure en ſoit bien accommodée : & pour en avoir de bonne, vous ferez tuër un veau qui n'ait jamais pris aucune nourriture que le laict pur, & lequel aura tetté tout ſon ſaoul deux ou trois heures auparavant que de le tuër: eſtant mort, on luy tirera la caillette dedans le corps, dans laquelle vous verez le laict qu'il aura pris, lequel sera caillé en grumeaux, que vous éplucherez bien, ostant les poils que le veau à avalez, en tettant & laverez dans l'eau fraische ces grumelons à mesure que vous les manierez, les posant sur un linge blanc pour les essuyer un peu, vous laverez bien aussi & raclerez la caillette, puis la retournerez pour y remettre dedans cette presure, que salerez bien, & la pendrez en l'air, mettant quelque vaisseau dessous pour receüillir l'eau sallée qui en tombera, laquelle est fort bonne pour faire prendre le laict, vous la laisserez ainsi quelques jours assaisōner auparavant que d'y toucher, puis vous en prendrez ce qui vous sera de besoin lors que vous voudrez faire cailler du laict.

Pour ce faire vous prendrez du laict tout chaud venant de la vache, le coulerez & mettrez dedans un peu de cette presure que vous aurez bien délayée dans une cueiller avec un peu du mesme laict, puis le meslerez &

retournerez quelque temps.

Le laict estant pris, vous tirerez le caillé avec la coquille à écremer, ou bien la cueiller du pot, & le mettrez dans les éclisses ou formes (d'où le formage a pris son nom) & luy laisserez égoutter son maigre, ou petit laict, ou laict clair, (comme vous le voudrez nommer,) d'où vous le tirerez tost ou tard, selon que vous voudrez qu'il soit servy delicat, ou ferme, & le poudrerez de sucre.

Si vous en voulez saler pour garder comme ceux du Pont l'Evesque, angelots, & autres de la Brie; vôtre laict étant encor chaud, ou s'il est refroidy, vous le mettrez sur la cédre chaude, & jetterez dedans la presure délayée, quand il sera pris vous le dresserez dans des formes, ou rondes ou quarrées, ou en cœur, & autres telles que vous les voudrez; & quand vos formages seront bien égouttez, vous les salerez par dessus, & les laisserez reposer, jusques au lendemain, afin qu'ils soient bien fermes, puis vous les retournerez & les sallerez encore de l'autre costé, les laissant reposer dans l'éclisse tant qu'ils soient durs; apres vous les mettrez secher à l'air dans la chaziere pour les affermir, puis les serrerez dans le reservoir, jusques à ce que vous les vouliez faire affiner.

Je ne trouve point de meilleure invention, ny plus propre pour affiner les formages, que de les tremper dans l'eau salée, les envelopper de feüilles d'ormes ou orties, & les mettre dans des boisseaux ou pots de grez, les uns sur les autres, afin qu'ils se communiquent leur humidité, sans les enterrer en des lieux putrides, comme aucuns font.

La plus facile methode est, quand ils sont secs de les entourer de foarre d'avoine, & les mettre dans des armoires à la cave sur les tablettes, sans qu'ils se touchent.

Pour les façonner à la mode de gruiere, vous ferez une aigriere avec le sel qui dégoutte de la caillette, &

R 4

du laict clair que le caillé aura rendu, ou bien avec gros comme une noix de presure, & trois pintes de laict clair, laquelle vous conserverez dans un barillet pendu en dedans de la cheminée, que tiendrez l'espace d'un mois bien bouchée, lequel barillet vous entretiendrez toûjours plein, le gouvernant ainsi que vous ferez celuy à vin-aigre, (c'est à dire) y mettant autant de laict clair, que vous en tirerez d'aigre, & quand vous voudrez faire vos formages, vous mettrez un sceau de laict, tout venant de la vache, sur le feu, dans un chaudron, le faisant chauffer le plus chaud que vous y pourez durer la main, puis vous le descendrez de dessus le feu & estant reposé, vous y mettrez plein une cueillier à pot de ce laict aigre, ou à proportion, ce que vous jugerez qu'il en faudra pour faire prendre la quantité qui sera dans le chaudron, ce que vous reconnoistrez par l'experience que vous en ferez, puis vous le remuërez ou tournerez avec des petits baſtons comme des verges, juſques à ce qu'il ſoit à demy froid, eſtant caillé un peu ferme, vous le manierez & déromprez avec la main, puis le laiſſerez repoſer environ demy quart d'heure, & les morceaux de caillé iront au fonds du chaudron, apres vous le retirerez avec les mains, & le mettrez dans la forme garnie de linge de tous coſtez, où il durcira en s'égouttant, Quand il ſera un peu ferme, vous le ſallerez & retournerez ainſi que les autres, prenant bien garde de le rompre, car il moiſiroit dedans, & quand il ſera bien ſec, vous les poſerez ſur le coſté afin qu'il ſe haſle également, le laict clair qui en degouttera ſera tres-bon à remplir voſtre aigriere.

Les autres formages à la façon de roque, du Cantal en Auvergne, & Limoges, de Jeromet en Champagne, de Hollande, & autres lieux & païs, que l'on fait avec laict de brebis, chevres & juments, ſe feront & s'affineront de la méme façon que les susdits quoy que quelques uns y mettent de la lie de vin, on les enterrent sous l'egoust du tonneau.

Le poivre battu y peut aussi entrer & le jus de bled vert pilé, ou autres herbes fort vertes pour luy donner la couleur, le goust & l'odeur.

Si vous prenez des barbes violetes, des fleurs de cardon d'Espagne, & que vous les faciez secher comme les roses, vous vous en servirez pour faire cailler le laict au lieu de presure.

Il y a une observation à faire, à sçavoir, qu'il y a des vaches qui font le laict si gras, qu'il est impossible d'en faire des formages, sans les écremer un peu, & ordinairement celles qui rendent peu de laict, il est beaucoup plus gras, que de celles qui y sont abondantes: c'est pourquoy pour en estre plus certain, il en faut faire des essais pour s'y gouverner avec jugement, & écremer un peu le laict qui sera trop gras; ou au contraire, il ne

faudra prendre que le deſſus des poëſles de celuy qui ſera trop maigre.

Les terrines ou poëſles à laict que
vous aurez écremées pour faire le
beurre, ſeront miſes au four un peu
chaud, ou devant le feu, les retournant de fois à autre, afin de faire cailler le laict ſans preſure, puis on en fait
des formages pour le commun, que
vous ſallerez & retournerez comme
les autres, ſi eſtant ſecs, vous les trempez en eau ſalée, & entourez de feüilles ou foin, & les mettrez mijoller à
la cave dans des pots de grez, les retournant & trempant ſouvent, ils ne
laiſſeront pas d'eſtre paſſablement
mangeables.

Pour faire un excellent formage
propre à manger; Il faut à midy prendre la creſme du laict qui a eſté tiré
du matin, avec autant de laict tiré
tout chaud les meſler enſemble, puis
prendre un peu de preſure & la deſlayer avec eau ſalée, la jetter dans ce
laict bien remuër le tout & le laiſſer
repoſer une heure; apres cela la métre

dans l'éclisse & ne le garder plus de vingt-quatre heures ; pour le faire bien cailler, prenez pots de grez qui soient larges en bas & étroits en haut; pendant l'Hyver vous mettrez ce pot dans un chaudron d'eau chaude jusques à ce que le laict soit tiede, afin de le faire mieux prendre; l'eau de fleur d'orenges au lieu d'eau sallée sera excellente; & si vous meslez dans la méme composition du jus d'amandes pillées avec eau, & passées par l'étamine avec du laict & un peu d'eau de fleurs d'orenges, il sera excellent : cette façon de formage est meilleure au Prin-temps qu'en aucune autre saison.

CHAPITRE LIX.

De la Brouſſe.

DU petit laict qui diſtile de tous les caillez, vous en ferez du formage fort agreable que les Provençaux appellent de la brouſſe; & pour y parvenir, ce laict clair eſtant encore doux, vous le mettrez dans un chaudron ſur le feu, le faiſant chauffer tout le plus qu'il ſe pourra ſans boüillir; & en cas qu'il jettaſt ſes premiers boüillons, vous y verſerez promptement du meſme laict clair qui ſera froid, pour arreſter ſon boüillon; vous le tournerez continuellement de crainte que le bat beurre ne s'attache au fonds ou au coſté du chaudron; & écumerez ce qui ſurnagera, qui eſt la brouſſe que vous dreſſerez à meſure dans un plat, & la poudrerez de ſucre quand vous la voudrez ſervir.

CHAPITRE LX.

Des Cresmes façonnées.

LE dessus des poësles de laict quãd il est un peu reposé, & que la cresme commence à monter, est la plus agreable & la plus saine de toutes.

Quand elle est épaisse & toute montée, on la bat & on la met dans un petit panier, avec un linge entredeux; puis quand elle est égouttée, on la dresse dans un plat, & elle se tient en motte.

Si vous foëttez de la cresme auec des verges, & que vous y ajoûtiez un peu de blanc d'œufs elle s'entretiendra en neige fort legere; la hauteur de plus de demy pied de haut dans le plat pour la conserver long-temps en estat il faudroit mettre dessous une mie de pain blanc pour attirer l'humidité, qui fondroit la neige.

Pour faire un bon plat de collation

& bien agreable prenez un formage mol salé d'un jour, & le passez à travers l'étamine, puis mettez-y de la créme douce, & battez le tout ensemble, dressez la dans un plat, sucrez bien, & degouttez de bonne eau de senteur par dessus.

On cuit aussi de la cresme douce, dans laquelle il y a des jaunes d'œufs délayez avec peu d'eau rosé, ou de fleur d'orenges, sucre, musc & ambre; si vous voulez piler des amandes ou des pistaches, & en épreindre le jus dedans, elle sera encore meilleure; on donne des noms à cette cresme tels que l'on veut, si vous y voulez aussi adjouster du vostre & y mettre quelque delicatesse agreable au goust, comme écorce de citron bien pilé, canelle & mil autres petits mets delicieux, vous en ferez le pain

AUX MAISTRES D'HOSTELS.

EPISTRE.

ESSIEURS,

Puis que c'est sur vous que les Grands se déchargent de la pluspart de leurs soins, & particulierement du soucy continuel de

EPISTRE.

de la dépence de bouche; c'est donc à vous d'en ordonner avec telle prudence que vous en puissiez recevoir non seulement la loüange que vous en attendez de vos Maistres, mais encore une satisfaction particuliere en vous-même, de voir tout reüssir à souhait; vous ne pouvez venir à ce but que par une connoissance parfaite de l'appreſt de toutes les choses mangeables, dont j'ay déja commencé à en écrire dans ces deux premiers Livres: Ce troisiéme que je vous presente a pour ce sujet, le vray goust qui se doit donner à chaque espece de chair & de poisson; à quoy la pluspart de vos Cuisiniers ne s'é-

S

EPISTRE.

tudient pas, d'autant que préoccupez de la bonne opinion qu'un chacun d'eux a de sa capacité, ils estiment que pourveu qu'ils déguisent & garnissent leurs plats en confusion, qu'ils passeront pour habiles hommes; mais c'est par là qu'ils se trompent, & d'où il arrivent bien souvent que le dégoust prend dés l'entrée de table, à cause qu'ils n'ont qu'une routine de travailler, meslant & remplissant leurs pots indifferemment, sans changer, ou au moins essuyer leur cueiller, ce qui est cause qu'ils donnent un mesme goust à tous leurs pottages; Je vous laisse à considerer, si un delicat qui rassasié du trop de bonne

EPISTRE.

chere continuelle, a peine de trouver quelque chose pour le remettre en appetit, quand il aura pris une cuillerée de boüillon qu'il ne trouvera pas selon son goust, qu'il reprendra dans un autre plat qui luy semblera aussi dégoûtant, & en continuant aux autres qu'il trouvera tous semblables, sera-ce pour se réforcer? Il ne faut pas s'étonner si l'on mande par fois un boüillon clair, ou quelques fois une omelette dans la fin du repas; Je vous vous laisse à penser si tous ces dégouts ne proviennent pas de ce gargotage-là ; croyez-moy, Messieurs, que si vous ne vous donnez la peine de bien commander, & de vous

EPISTRE.

conserver l'authorité qui vous est donnée vous aurez beaucoup à répondre devant Dieu de tous les degats qui se font dans les cuisines par les profusions inutiles qui ne sont propres qu'à jetter aux chiens; Il y a d'honnestes hommes de Cuisiniers, & à qui il n'est besoin que de dire vos intentions, mais chacun ne les a pas, & ceux qui les ont, les doivent bien conserver, & les estimer comme un meuble le plus necessaire du Logis, d'autant que de leur sagesse dépend la santé du corps & de la bource; je vous diray pour vostre instruction qu'il n'y a rien qui plaise plus à l'homme que la diversité, & sur tout le

EPISTRE.

François y a une inclination toute particuliere, c'est pourquoy essayez vous le plus que vous pourrez à faire diversifier & distinguer par le goust & par la forme ce que vous ferez apprester : Qu'un pottage de santé soit un bon pottage de Bourgeois, bien nourry de bonnes viandes bien choisies, & reduit à peu de boüillon, sans hachis, champignons épiceries, ny autres ingrediens, mais qu'il soit simple, puis qu'il porte le nom de santé, que celuy aux choux sente entierement le chou; aux porreaux le porreau; aux navets le navet; & ainsi des autres, laissant les autres compositions pour les bisques, hachis, pannades,

EPISTRE.

& autres déguisemens dont on doit plûtost goûter que de s'en remplir, & vous verrez que vos Maîtres s'en porteront mieux, auront toûjours bon appetit, & que vous & ces Cuisiniers en recevrez de la loüange; ce que je dis des pottages j'entends qu'il soit commun;& serve de loy pour tout ce qui se mange; car je serois trop prolixe s'il falloit particulariser sur chaque mets; suivez seulement mes intentions, & faites pratiquer ce que j'écris, vous vous en trouverez bien. Pour conclusion de cette Epistre, je vous avertiray que quand un Architecte veut bâtir un logis, il en fait un project ou de-

EPISTRE.

vis sur le papier; que tant plus beau il doit estre, tant plus curieusement aussi en fait-il le dessein ; il en est de mesme de toutes choses; & dans ce rencontre aussi ; si vous avez ordre de traiter somptueusement une compagnie, il faut que vous faciez des memoires de ce que vous voulez servir, & mesme particulariser de quel goust vous voulez chaque plat : Ce n'est pas que je vueille que vous communiquiez ce memoire a autres personnes qu'aux Officiers qui le doivent apprester, & encore faudra ne dire qu'à un chacun son affaire, vous veriez par l'execution que tout vous reüssira mieux, qu'ils

EPISTRE.

vous obeïront & estimeront davantage, voyant la grande connoissance que vous y avez: (laissant aux Etrangers beaucoup de ragouts dépravez, lesquels ne font jamais bonne chere que quand ils ont des Cuisiniers de France) si vous ne trouvez les enseignemens de ce que vous desirez en un endroit vous les rencontrerez en l'autre, car j'ay évité les redites autant qu'il m'a esté possible, & de tout ce que vous remarquerez qui tombera sous vostre Sens, faites-en élite & vostre profit, y ajoûtant de vostre part ce que vous sçavez déja, & jugerez raisonnable. Adieu.

LES DELICES DE LA CAMPAGNE.
LIVRE TROISIESME.

CHAPITRE PREMIER.
DE LA VOLAILLE de Court.

AR les volailles de court, nous entendons parler des coqs, poulles, chappons & poullets ordinaires, ou communs, dans la production

T

desquels la nature paroiſt ſi feconde que l'on ne peut aſſez admirer la liberalité de ſon autheur, qui nous depart avec telle abondance cette nourriture ſi exquiſe, tant pour ſon gouſt excellent, que pour ſa delicateſſe & bonté naturelle propre non ſeulement à ceux qui ſont en ſanté, mais encore ſi neceſſaire aux malades, qu'il ſemble que ſans les boüillons à la volaille ils ne peuvent ſe reſtablir & ſe fortifier.

Les plus petits que l'on appelle poulets de grain, ſeront ſaignez à la gorge, échaudez, plumez, & vuidez entierement, puis on les refait à l'eau chaude pour plus de propreté, mais elle emporte avec ſoy beaucoup de leur bon gouſt: c'eſt pourquoy ſi l'on ſe veut donner la patience de les plumer à ſec, & les refaire ſur les charbons, ou ſur le gril, ils ſeront beaucoup meilleurs qu'eſchaudez, & refaits à l'eau: ſi l'on les laiſſoit auſſi mortifier d'un jour, la chair en ſeroit bien plus courte: Quand ils ſeront refroidis on les essuyera bien, puis on les lardera ou couvrira de bardes pour les mettre rostir, les ayant embrochez à une petite brochette de bois en long pour les déguiser en perdreaux : ou en travers, pour ressembler aux cailles : mettant par dessus chaque barde, & une feüille de vigne, puis on lie cette brochette de bois à la grande broche de fer pour les cuire promptement au feu clair, car cette viande a si peu d'épaisseur, qu'il suffit de faire prendre couleur au lard pour estre cuitte à sa perfection : autrement ces petits poulets ne feroient que secher, & perdroient toute leur substance.

Le vin-aigre commun & rosat, le verjus de grain, & le commun, c'est la seule sauce qui leur convient le mieux.

Quand ils seront plus forts, on les pourra mettre en pottages, les ayant tuez, eschaudez & vuidez : puis ou les trousse, c'est à dire, on leur coupera le bout des doigts, & on passera l'un des pieds par dedans le bas du bec, pour leur coucher la teste le long de la cuisse, & apres cela on enfermera les deux pieds ou jambes dans l'ouverture du poulet par où on l'a vuidé, ou bien on donnera un coup de cousteau dans la peau qui est entre les jambes, & on y passera le pied ayant coupé le nerf qui est derriere le genoüil, afin que la jambe obeïsse mieux, puis on leur tournera les aisles; ce qu'estant fait on les mettra dans un pot à part, que l'on emplira du boüillon du grand pot, qui doit nourrir ou fournir à tous les pottages, prenant garde de ne les pas cuire qu'autant qu'ils en auront de besoin, à cause de leur grande delicatesse; vous les servirez toûjours avec les herbages les plus nouveaux, comme asperges, pois, laictuës, chicorées, & autres selon la saison, que vous ferez aussi cuire à part, les preparant ainsi que j'ay dit en leur lieu.

Si vous y voulez mettre un jaune

d'œuf délayé avec un peu de verjus & de son mesme boüillon, puis quand on voudra dresser le pottage, cuire un peu ce jaune d'œuf, en tournant toûjours de crainte qu'il ne se caillote, & le verser par dessus, cela le rendra plus delié ou épais.

Si vous les voulez au laict d'amandes, il en faudra battre au mortier de marbre avec un peu de leur boüillon au lieu d'eau rose, puis les passer à travers l'étamine en frottant avec le dos de la cueiller, & y versant du boüillon pour les aider à passer, n'y mettant rien que le sel pour tout assaisonnement, & si vostre pottage estant dressé, vous y semez des Pistaches pelées, elles l'embelliront de beaucoup.

Les poulles & chappons estans preparez comme les poullets seront aussi mis en pottages de santé ou au ris, au laict d'amandes, aux porreaux, aux racines de persil, cardes, & autres herbages du jardin, toutes preparées comme j'ay dit; mais à ces vieilles volailles il leur faudra peler l'escaille des jambes, les grillant un peu sur les charbons, ou à la flamme du feu pour la laver avec facilité.

Si vous les voulez farcir, il faudra fourer dans l'ouverture de derriere le col, (par ou vous aurez tiré la poche) une brochette de bois non trop pointuë, & separer aux mieux que vous pourrez la peau d'avec les chairs & la remplir de farce telle que j'ay dite aux choux, la faisant couler & passer par tout où vous voudrez, puis manier & arondir la volaille, la liant avec du fil ou de la ficelle un ou deux tours, en croisant par dessous & par dessus, de crainte qu'elle ne se dépece dans le pot, laquelle ficelle vous ôterez en couchant vostre volaille sur le pain auparavant que de dresser le boüillon.

L'on en desosse aussi entierement qui est que l'on escorche la volaille sans luy rompre la peau, & on la remplit de farce comme dessus, y mettant aussi les chairs cruës qu'en aurez tirées en la desossant, puis on recoust l'ouverture avec une éguillée de fil, & on la lie & emporte pour y mettre le boüillon du grand pot, & la faire cuire.

Son potage fait au formage, qu'aucuns appellent à la Jacobine sera fait en prenant un pain à la mode, échapelé, que vous ouvrirez, & en osterez la mie, puis ferez secher les deux croustes dans le four, ou devant le feu: quand elles auront pris une couleur rousse, vous les mettrez dans un plat d'argent, & les applatirez, & escacherez, mettant le costé de la mie en dessous, puis poserez le bassin sur les charbons ardents, & quand il sera bien chaud, vous arouserez le pain avec de vostre meilleur boüillon de santé, dans lequel il n'y aura point encore d'herbes ny de pois : & ferez mitonner ce pain, l'enrosant par fois, & le faisant un peu attacher au bassin pour prendre le goust : puis y mettrez un lict de formage de gruiere ou de Hollande du plus doux & du plus nouveau, qui aura esté rapé avec une esgrugeoire, & par dessus un second lict de blanc de volaille rostie hachée bien menuë, & enroser derechef pour faire fondre le formage, & mitonner tout ensemble: Quand vous le servirez, vous l'ornerez avec des tranches de citron, & quelques grains de Grenade par dessus.

Autrement & avec moins de peine vous trancherez un pain mollet ou de Gonesse sans estre salé, & en mettrez un lict dans un plat d'argent; puis un lict de formage par tranches, puis un second lict de pain, & un second lict de formage, & par dessus des chairs de volaille rostie & hachée; puis vous parerez le potage, des jambes, bouts d'ailes, col & teste, avec le dos où tiendra le croupion, & par dessus tout, y mettrez encore des tranches de Formage, puis emplirez le plat de boüillon, & le ferez bien mitonner l'orsant comme le precedent.

La fricassée de poulets se fait ordinairement à la hâte, c'est pourquoy je vous veux enseigner la maniere la plus prompte, qui est d'arracher la teste des poulets, les jetant à mesure dans un seau d'eau fraîche, puis les écorcher sans plumer, les fendre par le dos, pour oster tous les dedans, les laver & couper en quartiers ; battant chaque morceau avec le plat d'un gros coûteau, tant pour rendre la chair plus courte que pour bien casser les os ; pendant lequel temps une autre personne tiendra la poësle sur le feu, dans laquelle il y aura de l'eau, du beurre ou lard, & du sel ce qu'il en faut raisonnablement ; puis quand le boüillon commencera à s'élever, vous jetterez vos poulets dedans, & les assaisonnerez d'espice, ciboule, & autres ingrediens convenables.

Pour mortifier promptement des poulets, aucuns les jettent dans l'eau fraîche aussi-tost qu'ils sont tuez, autres les enterrent quelque temps ; autres les pendent à un figuier, autres encores leur tirent le col sans l'arracher, mais le denoüent seulement, & rompent les veines proche de la teste, les pendant par les pieds, afin que tout le sang s'amasse en un caillot que l'on ostera, puis on les accommodera à l'ordinaire : il y a encore beaucoup d'autres inventions d'attendrir, vous essayerez la plus facile.

Pour faire une excellente fricassée, prenés des poulets mortifiez que vous couperez par quartiers, & laverez bien, puis les passez par la poësle dans du lard fondu, ou au moins du beurre pour leur faire prendre goust de friture, apres quoy vous y mettrez du boüillon du pot sans herbes, ou au deffaut de l'eau, du beurre, ou du lard billeté, avec du sel, les espices & autres ingrediens, comme vin blanc, verjus de grain ou ordinaire, ciboules, herbes fines, peau d'orenge ou citron, & ce que vous jugerez y estre excellent ne fust-ce qu'un peu de champignons ou semblables, & quand ils seront cuits, vous y pourrez adjouster les jaunes d'œufs delayez au verjus, ou si vous voulez de la cresme, ne luy donnant qu'un petit boüillon, & retournant toûjours de peur que ce broüet ne se caillotte, la feüille de persil sert de bel ornement & de bon goust aux fricassées.

La marinade de poulets se fait en les fendant par le dos apres qu'ils auront été vuidez, & bien lavez, puis on les ouvrira & applatira, les battant deux ou trois coups du plat du gros cousteau, pour un peu corrompre la chair & les os ; ce qu'estant fait, vous les mettrez dans un plat tremper avec le vin blanc, vin-aigre verjus, espice, sel, orenge, citron, ciboules, ou oignon un peu de fines herbes, les retournant par fois pour leur mieux faire prendre le goust, puis on les égouttera, & on les frira dans le sains-doux, lard ou beure; si vous les voulez sécher avec de la farine, ou les tremper dans de la paste à beignets bien claire, ils prendront une couleur fort agreable; & pour les servir, le jus d'orenge est la vraye sauce, si ce n'est que vous vouliez faire cuire un peu de la sauce dans laquelle ils auront trempé auparavant que de les frire.

L'on accommode des chappons au court boüillon, ainsi que je l'enseigneray cy-apres à l'article des poullets d'Inde.

Les poulets, hestoudeaux, poulardes, poules, coquastres & chappons, se lardent & bardent pour estre rôtis à la broche.

On les rostit aussi sans lard, en les beurrant, & leur mettant un oignon picqué de deux ou trois clouds de girofle dans le corps, avec un peu de sel & de poivre, sur la fin de la cuisson, on les poudre de mie de pain rassis, & de sel menu.

Si vous voulez promptement cuire

un chappon, il faut lier un morceau de lard au bout d'un baston, puis y mettre le feu, & laisser tomber les gouttes toutes flambantes sur le chappon à mesure que l'on le tourne, elles perceront les chairs jusques aux os, & le cuiront en moins de rien.

Les sauces se feront avec l'eau, le sel, le verjus & l'Orenge, ce sont les meilleures de toutes.

A un chappon tout sortant de la broche, faites luy des taillades tout le long du corps, & le poudrez de sel, puis y espurez le jus de deux bonnes orenges, & mettez une assiette par dessus, & pressez bien pour faire sortir le jus du chappon, puis reprenez le jus avec la cueiller, & arrousez le, le repressant & arrousant par deux ou trois fois, si vous y voulez mettre un petit jus d'ail pilé auec eau, & ne point remettre chauffer la sauce, à cause que l'ail chauffé est desagreable, je crois qu'en le mangeant vous advoüerez que c'est un excellent ragoust.

CHAPITRE II.

Des Paons, Faisans, Gelinote de bois, & autres Oyseaux semblables.

Toutes ces sortes d'oiseaux s'accommodent comme les volailles de court, excepté que l'on leur coupe les aisles comme aux poulardes : quand on les fait rostir pour servir devant des personnes que l'on doute qu'ils ne les connoistront pas, on leur laisse une aisle sans plumer, & toute la teste avec le col, que l'on envelope de papier, & on les couche le long de l'oiseau : quand il est cuit, on oste le papier afin qu'ils connoissent par la plume ce que c'est.

CHAPITRE III.

Des Poulets d'Inde.

Ils se peuvent apprester de toutes les façons que je viens d'enseigner pour les poulets, tant en pottages, fricassées, marinades que rôtis.

Le poulet d'Inde rôty, & mangé froid est tres-excellent, l'on en peut lever les aisles & les cuisses pour rôtir sur le gril, & estre mis à la sauce robert, qui se fait avec moustarde, sel, vinaigre, poivre, & oignon tranché.

L'on en fait des cour-boüillons excellens, mais particulierement des gros coqs & des carotaines, pour ce faire, estans vuidés, vous les essuyerez dans le corps sans les laver, & leur ferez des taillades en travers de l'estomac, & des cuisses, pour passer des gros lardons dans les chairs, lesquels vous aurez poudrez de sel & de poivre; puis vous y passerez des brochettes comme pour rostir, les trousserez passant la jambe par dedās le bas du bec, coupant le dessus prés du nez, & les lierez de ficelle en croisant, ainsi que les chappons farcis, afin de les retirer de leur boüillon sās qu'ils se dépecent, & les dresserez sur la serviette blanche, les armant de fritteaux, tranches de citron, fleurs dans la saison, & autres agréemens convenables.

Vous les cuirez dans du boüillon du grand pot, y adjoûtant sur la fin le vin blanc, le verjus, l'Oignon ou ciboule, les espices, les herbes fines, & particulierement le rosmarin avec les peaux de citron, & quand ils seront bien cuits, vous les laisserez refroidir dans leur mesme boüillon, afin qu'ils en prennent le bon goust, avant que de les dresser.

Le boüillon du grand pot qui est celuy dont on se sert à nourrir tous les pottages, est fait avec pieces de cuisses de bœuf, comme simier, gistes & trumeaux, bouts saigneux de mouton & veau, des endroits qui sont les moins considerables, & graisse de bœuf bien blanche; gardez vous bien d'y mettre les queuës de mouton, ny les pieds de veau, car l'un luy donneroit le goust de trippe, & les autres

tres de suif, toutes ces chairs estant à demy cuittes, on les retirera, & on passera le boüillon par l'estamine, froissant les graisses du dos de la grande cueiller, & de ce boüillon on en nourrira tous les pottages, & autres apprests de cuisine tels qu'ils soient.

Les pottages de santé se font avec les meilleures parties du bœuf qui est la poictrine, les bouts saigneux de mouton, les jarets de veau, & la volaille de court, ou d'inde.

Quand vous mettrez de toute sortes de bonnes viandes dans un pot, tant de boucherie que de la basse court, ou du coulombier, avec le petit lard ou côtelettes, & que pour herbes vous y en mettrez indifferément de toutes sortes de pottageres, méme des pois verts ou asperges, cela s'appellera pot pourry.

Les volailles d'indes preparées comme pour mettre cuire au court boüillon, se mettent en paste fine; l'on en desosse aussi, les ayant escorchées,

V.

& remply la peau, ainsi que j'ay dit aux chappons farcis, ou bien en ostant seulement les os par des taillades que l'on leur fait, & les lardant comme les cour-boüillons.

On les hache aussi par morceaux, & on leur fait une sauce avec des œufs tournez comme pour la fricassée de poulets, que l'on coule dans le pâté par un entonnoir à l'instant que l'on le veut servir.

Toutes ces sortes de pâtez se peuvent faire de volailles de court aussi bien que de volaille d'inde.

CHAPITRE IV.

Des Oisons.

LEs plus jeunes Oisons seront saignez à la gorge, & on leur coupera les aisles tout prés du corps: puis éschaudez, pour en oster le duvet; & ouverts par la peau du ventre qui est entre la cuisse & la pointe de l'estomach pour estre vuidez entiere-

DE LA CAMPAGNE. 135

ment par là, & la poche se tirera à l'ordinaire, des autres volailles par derriere le col; ce qu'estant fait, on les jettera dans l'eau fraische pour les bien laver, & si c'est pour boüillir on leur tournera les pieds derriere le dos, & l'on fera enfoncer le col dans le corps; (cela s'appelle accommodez en cigneaux) puis l'on en fera pottages de toutes les façons que les volailles de Cour.

Quand ils seront un peu plus grands on leur coupera les pieds, les ailles, & le col auparavant que de les eschauder, puis on les vuidera, & preparera, comme j'ay dit: Que si la plume est assez meure pour s'en servir (c'est à dire qu'elle n'ait plus les thuyaux saigneux) on les plumera à sec avant que de les eschauder pour le duvet, & les refaire dans l'eau chaude.

Pour rostir les petits oisons on les barde, & quand on les veut servir, on leur met de la farce faite particulierement avec leurs foyes, (qui en est la

V 2

plus excellente partie, comme de toutes sortes de volailles domestiques;) j'en ay enseigné cy-devãt la maniere de la faire quand j'ay parlé des farces: Prenez bien garde de n'y pas laisser le fiel, mais coupez le proprement, sans le crever & ostez aussi la partie du foye qui y touche, laquelle bien souvent est teinte de la couleur du fiel par un regorgement de l'humeur qui luy donne une amertume semblable au fiel.

Les plus gros oisons ou oyes grasses seront plumez à sec, puis les aisles, le col & les pieds estant couppez, on les essuira par dedans, & on les flambera au feu, pour en ôter tous les poils, si ce n'est que pour plus de proprieté vous les flambiez auparavant que de les vuider & couper; par apres vous les ferez refaire sur le gril ou sur les charbons, estans refroidis, on les entourera par le milieu du corps, avec leurs boyaux qui auront esté bien vuidez & lavez en plusieurs eaux auparavant;

puis on les mettra rostir à la broche de longue main, (c'est à dire) à petit feu.

La graisse qui en distilera sera bien conservée pour fricaller, particulierement les féves ausquelles elle convient merveilleusement bien.

Quelques-uns les farcissent auparavant que de les embrocher, & recousent l'ouverture du ventre, mais ils ne s'en portent jamais si bien, il vaut beaucoup mieux cuire la farce à part, & la fourrer par apres dans le corps en servant.

D'autres pour y donner goût, avant que de les embrocher y mettent dans le corps de la ciboulle, ou un oignon piqué de clouds de girofles, des espiceries, & quelques herbes fines, particulierement la sauge : D'autres n'y mettent que le sel & le poivre, ainsi qu'aux volailles d'inde : D'autres des marons avec des capres; & d'autres frians qui recherchét des ragouts extraordinaires, y mettent des anchois ou des huistres confites tout sortant du baril, ainsi que l'on les apporte des Ports de Mer; mais chaque viande dans son goust naturel est toûjours plus agreable.

La farce de tout temps a esté en grande estime pour faire manger l'oison & le cochon de laict.

On sale des oyes grasses coupées par quartiers, que l'on met dans des pots de grez, ou dans des saloirs pour la provision de la maison, les cuisant dans le pot au lieu de cochon; quand elles sont sallées de nouveau, c'est un tres excellent manger, & de bon profit.

On en met aussi au court-boüillon les accommodant comme les poulets d'inde.

La petite oye, (qui est le col, la teste, les aisles & les pieds,) sera plumée & flambée au feu pour en oster les poils & peaux des pieds; puis on la mettra boüillir avec les jusiers dans le pot de l'ordinaire ou à part; il sera bon de les lier de fil, à cause qu'ils se deperceroient; quand on les servira, on jettera par dessus une sauce faite avec du bouillon où elle aura cuit la sallant un peu, & jettant du persil par dessus; la sauciere dans laquelle il y aura du vin-aigre, sallé & poivré, sera mise sur la salliere proche; si vous la voulez cuire dans le court bouillon elle sera d'un goust plus relevé.

CHAPITRE V.

Des Canars.

LEs barbotteux ou canars de paillis sont les meilleurs à bouillir à cause qu'ils sentent moins le marais que les oiseaux de riviere, ou hallebrans, ou sauvages; on en fait de toutes sortes de pottages, mais particulierement aux navets qui est leur vray goust; & quant ils sont cuits on prend de leur bouillon, que l'on met à part dans un petit pot, avec de la chapelure de pain qui ne soit point brûlée; & quand elle est bien trempée on le passe par l'étamine avec du gras du boüillon; quand vous voudrez servir vous tirerez le canar, le coucherez sur le pain, & verserez ces chapelures dans le pot, y mettant un peu de verjus: puis quand il aura boüilly un boüillon seulement, vous le verserez sur le canar.

Auparavant que de le mettre dedans le pot pour faire boüillir, on luy larde du navet tranché comme du lard, duquel on fait quatre petites touffes, une à chaque costé des espaules sur le gros de l'estomach, & les deux autres sur le gros des cuisses.

Pour un pottage à l'hypocras, quand le canar sera à demy cuit dans de bon bouillon, vous le remplirez avec du vin, du sucre, du cloud de girofle, & un morceau de canelle; si vous le voulez garnir beaucoup vous y pourrez mettre cuire des raisins de damas, de corinthe, des brignoles & des pruneaux de Tours; au lieu

lieu de tout le pain, tranché ou mitonné, mettez y moitié de biscuit ou de pain d'épice; & en servant, vous le poudrerez de sucre par dessus.

L'on en met aussi au court boüillon accommodez comme les oyes grasses.

En paste fine pour manger chauds, on les couppe par morceaux, puis on les fait cuire dans la poësle ou estuvée avec lard billeté ou beurre, eau, vin, vin-aigre, verjus, sel, espiceries, & quelque morceau de citron; faisant tout consommer la sauce, puis on verse cette estuvée dans un plat pendant qu'elle cuit; on fon ou façonnece la paste, & on y met un lict de beurre ou de lard, puis la viande, & par dessus des tranches de lard, avec quelques fueilles de laurier: apres on couvre le pasté, & on le cuit au four pour le servir chaud; si vous y voulez couler une sauce aux œufs, ainsi que j'ay dit aux poulets ce sera l'excellence.

Cette mesme estuvée sera bonne

X

aussi pour faire une entrée de table, y laissant un peu de sauce.

En pastez à la mode de Perrone, il faudra les accommoder comme les d'indons avec les os, ou desossez, six dans un pasté, c'est l'ordre.

Pour rôtir, les sauvages sont toûjours les meilleurs & plus delicats, on leur coupe teste & aisles comme aux oysons, mais on leur laisse les pieds que l'on tourne sur le dos afin que l'on connoisse par leur petitesse & par la pointe des ongles qu'ils sont sauvages, on ne les larde que de quatre bouquets au gros de l'estomach, & sur les cuisses : Leur sauce, ou le dégoust que l'on leur fait n'est que d'un peu de vin-aigre, sel, eau & verjus, avec un peu d'espiceries, & quelque peau d'orenge, si vous voulez la sauce douce, faites la avec sucre, vin, vin-aigre, cloud de girofle, canelle, poivre & sel, mais à sec mis dans le plat, & tailladez en long, puis poudrez d'un peu de sel, & espreindre dessus un jus d'orenge, c'est la meilleure de toutes ses sauces.

Les Rouges, Tiers, Cercelles, Rasles, Poulles d'eau, & autres oyseaux de Riviere seront mis les uns en pottages, fricassées, pastez, & court boüillons, les autres seulement rôtis, ainsi que l'on a de coûtume, & que ie serois trop long-temps à particulariser, il n'y a qu'une seule consideration à avoir, qui est que tout ce qui a goust de Marais ne vaut rien à boüillir, ny en paste, mais il se peut larder ou barder, & rôtir à la broche.

CHAPITRE V.

Des Pigeons.

LE Pigeon est un oyseau qui peut estre mangé dés la sortie de la coque; & l'excés est venu à tel poinct que quand ils sont extrémemét chers, qui est dans l'hyver, c'est alors qu'ils sont plus estimez, & que l'on en fait plus grande profusion, car il faut les mettre par plusieurs douzaines dans une bisque ou dans une tourte, que l'on appelloit pasté à la vacquette.

Pour habiller les plus jeunes, on les saigne à la gorge, puis on les eschaude de leur petit poil folet, on leur oste la poche par derriere le col, le jusier & boyaux par le ventre, & on les cuit dans du meilleur boüillon sans herbes, avec une ciboullette seulement.

Vn peu plus grands avant que leurs thuyaux poussent, qui est la bonne prise, il les faudra aussi vuider comme les petits, & leur rogner le bout du bec, & les ongles.

Quand les thuyaux poussent, ils ne sont si gras que devant & apres.

Quand ils commencent à se couvrir de plume, & que les pere & mere leur donnent encore de la pastée, & non pas le grain pur, ils sont extrémement gras, de tres bon goust, & bien delicats; pour les eschauder bien à propos, il faut leur couper la gorge, & à l'instant les jetter dans l'eau tiede, afin qu'ils vuident jusques à la derniere goutte de leur sang, puis les faut rechanger pour les bien laver, cependant vous ferez chauffer de l'eau, jusques à ce qu'elle soit preste à boüillir, & puis vous tirerez les pigeonnaux de dedans l'eau, vous les presserez un peu pour égoutter la trop grande quantité, puis les jetterez dans cette eau chaude, & les retournerez avec un baston, ou avec l'escumoire bien nette de graisse: Apres vous les retirerez, les mettrez en un monceau sur la table, les pressant les uns contre les autres pour s'échauder bien par tout; puis vous les plumerez le plus promptement que vous pourrez, vous mettant plusieurs apres, si vous les avez eschaudez tout d'un coup; & a mesure qu'ils seront plumés vous les jetterez dans l'eau fraîche: Si vous estes seul pour plumer, il ne les faut retirer qu'un à un de l'eau, dans laquelle ils trempent pour saigner, le prendre par le col, & le plonger dans l'eau chaude, le tournant & remuant d'un cofté & d'autre, puis le reprendre par les pieds, & plonger la tefte: Quand vous jugerez qu'il fera affez efchaudé, vous le retirerez, le poferez fur la table, & le prefferez un peu, pour l'efchauffer par tout, & ofter la plus grande eau; apres vous le plumerez promptement, & ofterez auffi les peaux des pieds & du bec, puis vous le laverez bien dans l'eau fraifche, où vous le laifferez tremper tant que les autres foient plumez.

Pour les vuider, on couppe la peau du col par derriere, & on tire la poche proprement fans la crever, apres on couppe le bouton du trou du cul, & avec les mains on preffe les cuiffes, & des deux poulces on appuye fur le ventre, le jufier fait fon trou, & fort avec les boyaux, laiffant le foye dans le corps, qui eft la meilleure partie du pigeon, lequel n'a point de fiel; on ouvre le jufier; & on en ofte la pochette, puis on détache la ratte de deſſus les boyauds, & on jette tout dans l'eau fraiſche: Pour trouſſer le pigeonneau apres qu'il eſt bien lavé tant que l'eau ne ſoit plus rouge, vous luy couperez le bout du bec, le bout des doigts, & l'y fendrez le genoüil par derriere puis luy mettrez les pieds dans le corps, & luy tournerez les aiſles, le percerez d'une lardoire en travers & le mettrez refaire ou revenir dans le boüillon du pot.

Les plus grands s'acommodent auſſi de méme que les petits, ſi ce n'eſt que l'on les tuë en ramerots, que l'on les plume à ſec & que les ayant vuidez on les face revenir ſur les charbons, ne leur plumant le col qu'à moitié, & leur laiſſant les pieds étendus mais on leur tourne les aiſles.

Pour les tuër en ramerots, on leur preſſe ſeulement la teſte, ou on leur rompt l'échigne, l'enfonçant avec le poulce, & incontinent ils meurent: Aux grands on tire quelques-unes de leurs plus grandes plume, & on leur fourre dans le bec jusques au fond de la poche pour les laisser ainsi refroidir, afin qu'ils n'ayent point le goust de l'humeur puante qui est dans leur poche qu'ils prendroient en refroidissant.

La bisque est un tres-excellent pottage qui est composé de plusieurs autres, dont vous la garnissez; ce qui la distingue particulierement d'avec quantité de ceux que l'on couche sur le pain mitonné, ce sont les pigeonneaux; & tout cuisinier qui apprestera bien une bisque, & qui la servira bien à propos, se pourra dire capable de preparer beaucoup d'autres pottages façonnez, tous lesquels ne sont que des diminutifs de la bisque.

Pour la commencer, vous empotterez des plus petits de vos pigeonneaux avec du meilleur bouillon que vous ferez cuire en leur perfection (c'est à dire sans se dépecer) avec un peu de clou de girofle, & une ciboule.

Vous aurez un autre pot dans lequel il y aura des fagoüës, ou ris, ou gorges de veau, que ferez cuire auſſi comme les pigeonneaux, puis vous verſerez les deux pots en un, afin qu'ils prennent un meſme gouſt.

Vous aurez auſſi un autre pot où cuiront les creſtes & rognons de coq aſſaiſonnez de meſme gouſt; ce que je vous fais prendre trois pots, c'eſt que les petit pigeonneaux ne veulent guere cuire à cauſe qu'ils s'achevent ſur la biſque, & auſſi que bien ſouvent les crétes de coq quand elles ſont vieilles arrachées elles durciſſent, & apres les avoir bien fait tremper, eſchauder en ſuitte, mettre cuire long-temps, il y en a quelques-unes qui durciſſent au lieu de s'amollir leſquelles il faut trier, & jetter aux chiens.

Il faudra faire roſtir à la broche un bon gigot de mouton, (& vous n'attendrez pas qu'il ſoit tout cuit pour le débrocher) lequel vous picquerez par tout avec un cousteau, le mettant dans un plat sur une assiette pour égoutter le jus ; vous le couvrirez d'un autre plat, & mettrez une nappe par dessus, afin qu'en l'estouffant il seche jusques à la derniere goutte : d'aucuns ont des petits Pressoirs, mais il est plus propre de l'autre façon, & la chair en est moins desagreable à faire quelque fricassée pour le commun : Pour dégraisser ce jus, il faut le laisser refroidir, & le couler dans un autre plat tenant un cousteau contre la graisse pour l'empescher de tomber avec le jus.

Le tout estant ainsi disposé, & vos viandes à demy cuittes, vous prendrez un bassin d'argent, dans lequel vous ferez mitonner un pain à la mode seché, ainsi que j'ay dit cy-devant à l'article des poulets en traittant du pottage à la Jacobine, lequel vous tremperez de vostre meilleur boüillon sans herbes, & le ferez attacher au bassin sans le laisser pourtant brusler puis vous y mettrez un lict de chair de poulet rosty, ou autre volaille (pourveu qu'elle ne soit point faisandée) hachée bien menuë, de laquelle vous aurez osté tous les lardons ou bardez, ayant premierement poudré le pain avec une pincée de bonne canelle battuë, par dessus ce hachis, vous mettrez quelques morceaux de bonne moelle de bœuf, puis vous ferez mitonner tout de nouveau, y remettant une cueillerée de boüillon de vos pigeonneaux, & une de champignons, que je suppose que vous aurez aussi preparez & assaisonnez dans un autre pot à part, Demie heure avant que de servir vous dresserez vos pigeonneaux, mettant les testes vers le bord du bassin, puis les ris de veau, les crestes, rognons, & champignons autour des pigeonneaux, les rangeant avec le plus de proprieté que vous pourrez, & couvrirez vostre bisque d'un autre bassin, la remettant mitonner sur le feu, & luy donnant du boüillon de pigeonneaux si elle en a de besoin.

Quand on demandera à manger vous la mettrez sur un feu vif, afin qu'estant fort chaude vous la puissiez bien dégraisser en penchant le bassin pour faire degoutter la graisse dans un autre plat, & quand vous la voudrez envoyer vous y verserez le jus de gigot que vous aurez mis chauffer, dans lequel vous espreindrez du jus de citron pour y donner la pointe seulement, & non pas l'aigrir, remuant un peu le bassin, afin de faire décendre une partie de ce jus dans le hachis de la bisque : si elle est trop douce vous mettrez un peu de sel blanc dans ce jus auparavant que de le verser.

Vous observerez en tout ce que vous assaisonnerez, de tirer toûjours au doux, d'autant que l'on se méprend souvent au sel, & particulierement à la bisque, à cause qu'en luy faisant consommer quantité de boüillon, l'humidité s'en évapore,

& le sel reste toûjours : joint aussi que bien souvent l'on attend que le reste du service soit prest, ou bien que la compagnie qui le doit manger se veule mettre à table, & cependant il la faut toûjours entretenir de boüillon : Vous prendrez garde aussi de n'avoir manque de boüillon propre, autrement vous seriez obligé d'en prendre du commun qui gasteroit tout.

Quelques-uns ornent les bords du bassin avec des tranches de citron, mettant par dessus des pistaches ; & de la crenade, le plus beau est de le tenir bien net.

Dans la graisse ou jus que vous aurez versé dans un plat en degraissant vôtre bisque avant que d'y mettre le jus de gigot vous y casserez des œufs pour cuire à la huguenotte, & un peu de jus de gigot par dessus.

Pour un pottage de santé, il faut prendre des plus gros pigeonneaux, (jeunes pourtant) & les empotter avec de bon boüillon, & mettre par dessus les pois vers, ou asperges dans leur saison, & en autre temps les herbes.

Pour celuy des choux, vous en mettrez aussi de gros, ou bien de lardez & rôtis à la broche en forme de bizets, lesquels auront esté tuez en ramerots.

Le pot pourry se fait ordinairement avec pigeonneaux, volailles, veau, mouton, lard, & petit sallé, saucisses, andoüillettes, & autres bons ragouts, y mettant des pois vers, asperges, herbes à pottages, jeunes choux, champignons, & tous autres bons mets convenables, pour mettre boüillir le tout ensemble, & dresser sur le pain tranché, avec boüillon aux œufs tournez si l'on veut.

Pour pigeonneaux confits ou à la composte, on les fera cuire dans un pot avec de bon boüillon, y mettant une ciboule, un morceau de citron, verjus, vin-aigre, cloud & espiceries, puis vous les dresserez sur le pain tranché, ou sur le mitonné.

L'on marine des pigeonneaux, les accommodant ainsi que j'ay dit les poulets, avec de la paste à beignets, ou farinez seulement.

A la poivrade, on les ouvre par l'estomach, & on les applatit comme pour mariner, puis on les rostit sur les charbons, ou sur le gril, les tailladant & sallant en cuisant, cependant que l'on leur fera une sauce avec vin-aigre & poivre.

Enfricassée, faut les couper en cinq ou six morceaux, & les passer dans la poesle avec lard ou beurre fondu, puis les faire cuire avec boüillon du pot, ciboule, verjus, vin-aigre, vin blanc, sel, espiceries, peau d'orenges persil, & un peu de thim, ou marjolaine.

Pour rostir les plus petits, il n'y faut que des témoins comme aux aloüettes.

Vn peu plus gros, on les barde & envelope de feüilles de vigne en la saison où on les picque menu.

Plus gros encore, on les barde ou larde, & on leur laisse pendre les pieds, les ayant tuez en Ramerots.

La meilleure patisserie de pigeonneaux est la Tourte que l'on appelloit un pasté à la Vacquette, laquelle se fonce de paste de feüilletage, c'est une vraye bisque, mais il faut mettre le hachis sur le fond de la tourte, & par dessus les pigeonneaux, & ris de veau tous cruds, pour les crêtes & champignons, il faudra qu'ils ayent esté bien assaisonnez & cuits auparavant : apres cela vous y mettrez de bons morceaux de moelle de bœuf, & l'assaisonnerez de sel & espiceries auparavant que de la couvrir : si vous voulez en servant y coûler du jus de gigot de mouton avec un peu de citron, vous vous servirez d'un entonnoir pour n'en rien perdre.

On en met aussi des plus gros en paste fine avec des palais de bœuf, tetines de vaches, andoüillettes, quelques

ques beatilles & champignons, y faisant au fonds un lict de beurre, & des tranches de lard par dessous & par dessus, avec les épiceries ordinaires.

Les pâtez de requeste sont faits des abbatis de pigeonneaux, à sçavoir les aîles, testes, & jusiers, que les patissiers ostent des pigeonneaux qu'ils mettent en pâte pour les bourgeois.

Les ramerots, bizets & tourterelles seront accommodez comme les pigeonneaux, on leur laisse les plumes au col, & on ne leur coupe jamais le bec, qui est une des principales marques qui les distingue d'avec les autres especes de pigeons.

CHAPITRE VI.

Des Perdrix.

LEs perdrix ne veulent estre mortifiées, mais fraiches pour mettre en pottages de santé, aux choux, & an laict d'Amandes, quand elles paiffent, ou mangét le bled vert; c'eft le temps où elles font les moins agreables.

Pour connoiftre une jeune perdrix il faut qu'elle ait le bec noir, & que la jambe foit menuë & brune: c'eft pourquoy les Rotiffeurs en les refaifant le feu leur brûlent ordinairement le haut du bec, & les jambes, afin que l'on ne connoiffe pas fi elles font vieilles: Les Mafles font toûjours les meilleurs, les plus excellens, & les plus relevez en gouft, pourveu qu'ils foient jeunes, & n'ayent encore pairé, ou couplé, ou efté en amour; les gris ont un petit cercle de duvet rouge autour de l'œil, avec un demy cercle de plumes rougeaftres au poictrail, & les rouges, ont un bouton ou argot à la jambe.

En voyant l'œil d'une perdrix l'on connoift fi elle eft vieille tuée; ouvrez luy la paupiere, fi l'œil eft gros luifant & comme vif, c'eft une marque certaine qu'elle eft fraîche, car à mefure qu'elle vieillit il fe ternit, puis defeche, & à force de la garder il se perd entierement.

Pour les garder long-temps on les met dans un tas de bled, ou bien en lieu frais côme à la cave, n'y touchant que pour les manger: On leur tire aussi le gros boyau du cul, qui est la partie qui se corrompt le plûtost.

Si vieille tuée & faisandée qu'elle soit, elle est toûjours mangeable, pourveu qu'elle n'ait point le goust de relau; qui luy est causé, d'avoir esté empaillée toute chaude, ou aprés un dégel, ou d'avoir esté enfermée en lieu trop humide.

Pour la rôtir, on l'habille, & larde ainsi que le chappon, reservé que l'on luy coupe les aisles comme aux oysons, & que l'on luy laisse pendre la teste, ne luy ayant plumé le col que jusques à la moitié.

Les jeunes perdreaux de la grosseur d'une caille seront bardez & enveloppez de lard, & par dessus chacun une feüille de vigne, puis seront mis à la brochette de bois côme les poulets de grain. La Capilotade se fait en coupant la perdrix rostie ; en dix ou douze morceaux, que l'on met dans un plat sur le feu avec peu d'eau, vin, vin-aigre, verjus, orenge, sel, cloud & épiceries ; on la fait bien boüillir, puis sur la fin on y met quelque peu de chapelure de pain qui ne soit point brûlée, & on tient la sauce courte.

Pour tuër les perdrix, on ne les saigne point, mais on leur écrase la teste, ou on leur rompt l'échigne.

En pâte elles s'accommodent comme les canards, pour estre mangées froides.

CHAPITRE VII.

Des Beccasses, Beccasines, & autres petits Gibiers.

ON les plume à sec, & on leur escorche la teste leur passant le bec à travers le corps par les costez sans les vuider, puis on larde, & on les met en broche, la passant en biaisant de la cuisse au gros de l'aisle, & on met dans la lechefrite deux tranches de pain rôties, afin que le degoust de la beccasse tombe dessus ; puis on y fait une petite sauce au verjus, sel, & peu d'épice, dans laquelle on fait rensler les rosties auparavant que de dresser les beccasses dessus.

Les pluviers, vanneaux, guignars, chevaliers, grives, merles, étourneaux, cul blancs, & toutes autres sortes d'oiseaux se plument à sec, & se peuuent larder, mais l'on les effondre presque tous, & par consequent il n'y faut point de rostie, ny on ne leur passe point le bec à travers le corps, car ils l'ont trop court.

Les aloüettes se plument aussi à sec, & l'on écorche la teste, mais elles ne s'effondrent point, on les met en pottages de santé, & à l'hypocras, on les larde, on picque menu pour les déguiser en Mauviettes, & on leur passe une brochette en travers, y mettant des témoins entre-deux, puis on les cuit à la grande broche, & sur la fin de la cuisson on y poudre de la mie de pain avec le sel, & on fait la rôtie dans la léchefritte, & la sauce comme aux Beccasses.

Les Cailles se plument à sec, s'effondrent, lardent, bardent, s'enveloppent dans la feüille de vigne comme les perdreaux : pour les rôtir : En pottages, on ne les met d'ordinaire qu'à celuy de santé : En paste elles sont excellentes, ajustées comme les pigeonneaux.

Les Ortolans seront mis à la brochette ainsi que les Alloüettes.

De toutes sortes de petits oyseaux, l'on en fait des fricassées, estuées, & pastez comme de pigeonneaux, & on les rôtit à la broche, les ayant effondrez, & bien essuyez, ou lavez.

CHAPITRE VIII.

DV VEAV ET BOEVF.

DE tous les animaux à quatre pieds ; Le Veau, est l'alliment le plus naturel pour les estomachs foibles, & que les Medecins ordonnent plûtost aux malades, à cause de ses qualitez rafraîchissantes, outre la bonne nourriture qu'il contient en soy, sans lequel on ne pourroit faire de bonnes gelées, qu'avec grande peine : ie trouve fort à propos que nous traittions de toutes ses parties en particulier, & que nous cōmencions par sa mort ; disant qu'il le faut seigner à la gorge l'ayant pendu par les pieds, pour luy faire biē égouter son sang, ou bien l'ayant couché sur un treteau fait exprés, (que l'on appelle écorche veau,) d'où les

petits licts de sangles ont pris le nom, à cause de leur ressemblance; & estant encor tout chaud, on le soufflera à la mode de Paris, ou on le laissera sans souffler, ainsi qu'en plusieurs autres Provinces, mais les chairs n'en sont jamais si belles : estant soufflé, on l'écorchera (luy ayant osté les quatres pieds,) sans pourtant le dépoüiller entierement pour plus grande propreté, mais il suffira que sa peau soit détachée des chairs, à la reserve de quelque petite partie qui ne servira qu'à l'entretenir autour du corps ; ce qu'étant fait, on l'ouvrira & vuidera de tous ses intestins, le laissant ainsi pendu, ou sur le traiteau où on l'aura habillé, en luy mettant quelques brochettes de bois pour luy élargir les costes, & le faire plûtost refroidir : on luy coupera la teste tout prest du test, luy laissant la peau qui est sur le front, ou l'écorchant jusques au bout du nez : si l'on luy laisse la peau, on l'échaudra pour la peler, luy donnant l'eau propre : & s'il se peut il la faut
échauder

échauder du premier coup; car si l'on est obligé de la retremper, à moins que de changer d'eau, elle seroit grasse, & ne pourroit échauder; estant pelée, & les pieds aussi, on les mettra boüillir ensemble avec la fraise dans un pot à part, à cause que leur boüillon qui a le goust de trippe, gasteroit les autres de santé si vous les cuisiez dans le grand pot avec les autres chairs de boucherie : quand ils seront cuits, on les servira à sec avec un peu de persil par dessus, & l'on mettra du vin-aigre salé dans une sauciere à part, pour leur servir de sauce.

Si vous les voulez faire cuire dans un cour-boüillon, ainsi que je vous ay enseigné aux poulets d'Inde, ils en seront plus appetissans.

Le cœur, la rate, le poulmon, & le foye, seront aussi mis cuire dans un pot à part, mais je veux donner à chacun leur goust particulier.

Le cœur, la rate, & le poulmon, nous les acherons par petites pieces

Z

pour en faire une fricaſſée que l'on cuira dans la poeſle avec le lard billeté ou le bœure, l'Eau, & le ſel ; & ſur la fin de la cuiſſon, on y adjoûtera le vin, verjus, vin-aigre, ſiboule eſpicerie, avec quelque peau d'orenge, ou citron, & une feüille de laurier, ou bien peu d'herbes fines ; quand voſtre fricaſſée ſera bien cuitte, ſi vous voulez blanchir la ſauce, vous y verſerez des jaunes d'œufs délayez avec le verjus, ou y mettrez un peu de creſme douce pour l'époiſſir.

Quand au foye, vous le larderez comme une piece de viande, & le ferez cuire en ſivé dans une terrine avec bœure, vin, verjus, & les autres ingrédiens de la fricaſſée de poulmon, ou mou de veau ; la ratte y ſervira beaucoup, car elle époiſſira la ſauce ; ſi vous le voulez faire rôtir à la broche, l'enroſant ſouvent avec du bœure fondu dans la lichefritte, & y mettre auſſi une ſauce pareille à celle de la fricaſſée, afin de l'en enroser pendant qu'il cuira, ce sera un plat de bon ragoust, & qui suffira pour nourrir plusieurs personnes: car c'est une viande fort rassasiante. Il sera aussi lardé, ainsi qu'une autre piece de viande pour le faire rôtir.

De la fraise, si vous en voulez faire des andoüilles au lieu de boyaux de cochon, vous vous y gouvernerez ainsi que je diray cy après dans le chapitre du porc, ces andouïlles sont tres excellentes, qui ne sentent point le mauvais goust des autres à cause que les veaux ne mangent point, & tettent seulement.

Vous ne perdrez pas le sang, non plus que celuy de tous les autres animaux que vous tuerez (si ce n'est celuy du bœuf) car ils approchent de la delicatesse du sang du porc, qui plus qui moins, & j'en ay veu en beaucoup de Provinces, particulierement en celles du costé du midy, qui estoit étalé sur les boutiques, cuit en petit pains, ainsi que les boulangers mettent leur pain en montre.

Le sang donc sera recueilly dans quelque vaisseau propre, & si l'on en veut faire des petits pains, on le mettra figer dans des écuelles pour luy donner la forme, & il ne le faut point manier ainsi que je diray celuy de cochon, mais le laisser bien refroidir avant que de le cuire dans l'eau ; estant cuit on le mettra reposer quelque temps, pour le bien couper par petites tranches, & le fricasser avec les mesmes ingrediens, que j'ay enseigné pour le mou ; si l'on veut y mesler quelques morceaux de lard billetez, ou en lardons à mesure qu'il sort de l'animal, il paroistra entrelardé quand il sera tranché, & sera de beaucoup plus agreable à manger.

Le veau estant bien refroidy, vous le partirez en quatre quartiers à la seconde coste ; & leverez du quartier de devant, le bout saigneux, l'épaule, la poitrine, & le colet ou quarré.

De celuy de derriere la longe ; la roüsle & le jaret.

De l'épaule, on en levera si l'on veut un manche pour mettre boüillir, & la paix sera lardée & rôtie ; ou bien on la laissera entiere pour la rôtir lardée, ou arrousée de beurre en cuisant ; le meilleur morceau de l'épaule, est un petit muscle gras qui se trouve sous une peau qui se retire au feu, que l'on appelle l'oreille de l'épaule.

La poictrine est tres-excellente à boüillir ; si l'on veut aprés qu'elle sera cuitte, on mettra de la farce entre la peau & les petites côtes ; puis on la dressera sur le pain, & on versera dessus le boüillon dans lequel elle aura cuit ; si l'on veut, on la retirera presque cuitte, & on la mettra tremper dans une sauce de marinade, comme les poulets, puis on la poudrera de farine, ou bien on trempera dans la paste de beignets pour la frire ; si l'on veut aussi, on la lardera, & cuira à la broche pour la manger seche, ou bien la farcir comme celle du pottage ; ou si l'on veut la couper par morceaux, on la fricassera, ou mettra en pâte.

Le quarré sera mis dans le pottage, ou fricassé, ou bien lardé pour rôtir, & estre servy avec une sauce, ou tout à sec.

Le bout saigneux ainsi que la poitrine, peuvét estre mis dans le pottage, dans la fricassée, & dans le pasté.

La cuisse de veau entiere sera lardée ou picquée menuë, & l'os du jaret sera despoüillé jusques à la jointure, puis on la mettra tremper l'espace d'un demy jour dans une sauce de marinade, & apres on la mettra à la broche, & on la fera cuire de longue main, l'enrosant de sa sauce où elle aura trempé, laquelle on mettra dans la lichefritte pour la faire éboüillir & reduire, l'on doit faire cuire cette cuisse de veau tant qu'elle soit noire pour la mieux déguiser en chrevreüil, si dans sa sauce vous y voulez aussi mettre des caprés, elles y seront tres bonnes.

Ce mesme quartier de veau est par fois cuit au court bouillon, comme les poulets d'Inde ; & en le servant, on luy fait des taillades tout de long pour la facilité d'en prendre des morceaux.

Quelques-uns aprés estre cuit au court bouillon le trempent dans une pâte à beignets, & le font frire, mais cela est de grande dépence, bien embarassant, & difficile à retourner dans la poesle.

La longe sera separée de la roesle pour estre rôtie à part, à la méme sauce que dessus, ou toute séche, mais non si cuite que l'autre.

Le rognon & toute la graisse qui y tient seront ostez de la longe, puis hachez bien menu, & assaisonnez avec sel, espiceries, un peu de persil & ciboule ; pendant que l'on le hachera, vous ferez une grande rôtie de pain, & estant toute chaude, vous estendrez cette farce dessus, luy presentant la poesle rouge ainsi qu'à des œufs au laict, ou bien vous la mettrez un peu dans un four; & si vous y aimez le sucre, vous n'y mettrez point d'épiceries ny d'herbes fines, mais seulement le sucre, la canelle en poudre, & peu de girofle, puis en le servant vous le poudrerez encore de sucre par dessus.

La roëlle de veau sera mise à l'étuvée dans une terrine, ou entre deux plats, avec tranches de lard ou beurre, l'eau, le sel, verjus, épiceries, un peu de vin, une ciboule, une feuille de laurier, & une tranche de citron, car l'orenge y est trop amere.

En paste fine, lardée de gros lard elle se mange chaude & froide.

Hachée menuë avec graisse de bœuf, mise dans un pot, & le nourrir de bon boüillon, ce sera pour faire un excellent pasté en pot; si au temps des marons on y en veut mettre, ils accompagneront bien ce hachis, lequel il ne faudra cuire qu'auparavant vous ne l'ayez bien détrempé & meslé avec le boüillon, autrement il se tiendroit tout en une motte; & en cuisant, il sera necessaire de le remuër bien souvent, de crainte qu'il ne s'attache au pot, & se brûle; sur la fin de sa cuisson, il luy faudra mettre les épiceries avec trois ou quatre clouds de girofle, & un petit filet de verjus; le jus de gigot & celuy de citron y seront aussi bien excellens; vôtre pâté en pot étant cuit, vous le dresserés dans un plat que vous mettrez sur un peu de feu crainte que la graisse ne se fige jusqu'à ce que vous le vouliez servir.

Du mesme hachis vous en ferez des sauciflons, marons, andoüillettes, & farces, les assaisonnant ainsi que j'ay dit cy-devant quand j'ay parlé des concombres farcis.

Du mesme, on fait des saucisses, mais il n'y faut mettre la ciboulette ny le persil, car ils seroient tourner le veau, ou l'aigriroient.

Du mesme avec la ciboulette, on fait des pastez d'assiette, ou des petirs d'un sol, ou bien godiveau, garnissant, les derniers avec palais de bœuf, tetines de vaches, ris de veau, crestes de cocq, champignons, ou d'autres especes de fongy, groseilles, verjus de grain, asperges, artichaux, ou cardes selon le temps, l'assaisonnant ainsi que la tourte de beatille, ou y mettant la sauce d'œufs deslayée avec le verjus ayant premierement dressé le pasté en rond ou ovalle, avec de la paste de façon.

Du mesme hachis aussi on fait une espece de pasté que l'on appelle, POVRPETON, tout semblable à la tourte de beatilles, reservé que le hagis se paistrit avec œufs cassez, & se dresse dans une terrine, au lieu que la paste se met dans la tourtiere, puis ayant mis toutes vos beatilles dedans on le recouvre du mesme hachis, le fermant comme un pasté, & luy faisant un trou pour l'évent, avec le jus de gigot peu auparavant que de le tirer en cuisant, on le tirera souvent du four pour égoutter la graisse de dedans la terrine, afin qu'il prenne une couleur riſſolée, & quand il ſera cuit & que l'on le voudra dreſſer, on bouchera ſa cheminée avec de la paſte, puis on le renverſera dans un plat, on l'ouvrira par deſſus, ainſi qu'un pâté de venaiſon, & le couvercle ſera tranché par bandes pour garnir le bord du plat, oſtant les tranches de lard de deſſus les beatilles pour les faire voir à découvert.

Le gigot ou gigotteau ſe met boüillir ordinairement pour faire le bon potage de ſanté, ou le pot pourry ſi l'on ne le veut tirer à ſec pour manger avec un peu de boüillon du pot, & du vin-aigre commun, ou pour ceux qui l'aimẽt de celuy qui eſt parfumé avec roſes, œillets, fleur d'orenge, de jaſmin, d'ail, & autres.

Il ne reſte plus qu'à parler des fagoüës ou ris de veau, leſquels ſeront aſſaiſonnez ainſi que j'ay dit pour la biſque, ou ſeront piquez de lard comme le petit roſty, pour eſtre miſes en broches, & ſervies avec le jus d'orenge, ou bien trempées dans la paste de beignets, ou au moins farinées, pour estre frittes à la poësle, & servies avec le jus d'orenge & le persil frit autour du bord du plat.

CHAPITRE IX.

De la Gelée.

Elle se fait principalement avec des pieds de veau, c'est pourquoy je l'ay mise aprés son Chapitre plûtost qu'en autre lieu.

Pour en faire environ deux pintes, vous prendrez six pieds de veau bien échaudez de leur poil, & les couperez par moitié, leur ayant osté les gros os des jambes, & coupé les bouts des doigts qui sont ordinairement saigneux, puis vous les jetterez dans l'eau fraiche, pour les bien laver, & oster toute la couleur de sang, les rechangeant plusieurs fois d'eau à ce sujet, aprés quoy vous les blanchirez dans l'eau chaude, & les retirerez pour les jetter dans de plus froide que vous ayez, reïterant plusieurs fois cette façon de blanchir, tant pour les nettoyer de leur sang, que pour en separer le plus de graisse que vous pourrez, d'autant que toute viande grasse est extrémement contraire à faire de la gelée, c'est pourquoy l'on doit choisir les chairs moins grasses, & encore leur oster ce qu'elles ont de plus gras auparavant que de les mettre cuire, afin que le boüillon estant fait vous n'ayez pas tant de peine à la dégraisser.

Ces pieds de veau estans ainsi blanchis, vous les mettrez dans un pot de terre neuf, ou autre, pourvû qu'il soit bien net de graisse ; & vous les accompagnerez d'une poule, chapon, ou coq, avec une demy roëlle de veau, & n'y mettrez point de sel, faisant bien consommer le tout à force de boüillir, & l'écumant soigneusement; puis quand les chairs se dépeceront, & pourries de cuire (ainsi que l'on dit) vous tirerez le pot du feu, pour passer le bouillon à travers un gros linge, ou une estamine, tordant & pressant fort, pour en exprimer tout le jus qui doit revenir à deux pintes, lequel vous d'egraisserez au mieux qu'il se pourra fust ce mesme avec une plume, & le laisserez plûtost refroidir pour en oster jusques à la moindre graisse qui surnagera, ce bouillon étant bien dégraissé, vous le remettrez dans le mesme pot qui aura esté bien échaudé, y adjoustant une chopine de bon vin blanc François, qui soit sec, & & non doux, avec une livre de sucre, un morceau de canelle, & deux clouds de girofle, vous le ferez bouillir jusques à ce que vous jugiez que vostre gelée ait de la liaison autant que vous en desirerez, & que vous reconnoistrez par les épreuves, qui sont, que prenant un peu de cette gelée entre deux doigts, & la pressant lors que vous les ouvrirez, ils tiendront comme colez, ou bien en mettant dans une cueiller d'argent & la laissant refroidir, vous jugez que la gelée sera liée en la consistence que vous la desirez forte ou foible, selon que vous en aurez affaire, quand vous la croirez de bonne façon, vous y épreindrez du citron, ne luy en donnant que ce qui sera necessaire pour luy relever le goust, & luy donner pointe suffisante, sans détruire sa douceur par trop d'acidité, & apres vous la mettrez en grand feu pour la faire boüillir, autant qu'elle pourra sans répandre, afin qu'en la tirant du feu dans sa plus grande chaleur vous versiez dedans des blancs d'œufs battus, qui serviront à la dégraisser & clariffier, pour les battre, on les foëtte avec une petite poignée de verges rognées par les bouts, laquelle servira aussi à tourner & remuer la gelée quand on y verse les œufs, & lors que le boüillon sera appaisé & que vous ne craindrez plus qu'elle répande, vous prendrez tout le dessus du pot, où se rencontreront les blancs d'œufs qui seront cuits, vous les mettrez dans la chausse à hypocras, puis la gelée, la versant cuillerée à cuillerée, à mesure qu'elle s'écoulera, sans la mettre tout d'un coup dans la chausse, mais au contraire ne luy faisant faire qu'un petit filet, & reverserez la premiere coulée qui d'ordinaire est toûjours trouble; il est bon que la chausse ne soit pas trop éloignée du feu, d'autant que la gelée se refroidissant ne pourroit couler, si vous y voulez mettre un ou deux grains de musc, vous le pourrez, en l'enfermant dans un peu de cotton pendu à un fil au bout de la chausse (ainsi que j'ay dit à l'hypocras) mais si c'est pour des malades n'y mettez aucunes épiceries, ny odeurs, sinon un peu de canelle.

 Toutes sortes de volailles maigre sont bonnes à faire de la gelée.

Dans

Dans cette gelée vous y mettrez telle couleur que vous voudrez pour la teindre, comme saffran pour la rendre plus jaune, jus de bettes-raves pour la rougir, tourne-sol pour le violet, fenoüil battu ou poirée pour le vert, & amandes douce pilées comme pour faire le masse-pain, quand vous voudrez contrefaire le vray blanc mangé; chacune mise à part, vous la pourrez trancher par Lilles, ou par bandes, puis la renger sur l'assiette, ou sur un plat pour la diversité.

Si vous en voulez faire de marbrée il faudra avoir une tourtiere de fer, blanc, dans laquelle vous en verserez d'une couleur la hauteur d'un travers de doigt, laquelle vous laisserez froidir ou prendre auparavant que d'y en mettre d'une autre couleur, & ainsi l'une apres l'autre, tant que vostre tourtiere soit pleine; puis estant froide, vous tremperez la tourtiere dans l'eau chaude pour détacher la gelée, & la tirer hors de la tourtiere, la posant sur une feüille de papier blanc pour la trancher en hauteur, & elle sera toute marbrée.

Vous la mouslerez ainsi que j'ay dit le cotignac, & en mettrez dans des peaux de citron dont aurez osté tout le dedans, & estant froide, vous la couperez par quartiers pour orner les grands plats de gelée

Si vous voulez faire tailler une vitre de la grandeur d'un plat ou d'un bassin que vous poserez sur le bassin avant que de verser de la gelée par dessus la hauteur d'un doigt, y ayant laissé au verre un petit trou à l'un des bords, lequel vous boucherez avec du papier ou autre bouchon bien propre auparavant que de verser la gelée, & lors que vous voudrez servir vous osterez le bouchon, & avec un entonnoir mettrez de l'eau fraiche dans le bassin, puis vous y passerez des petits poissons tous vifs qui nageront dans cette eau, & seront veus à travers la gelée, donnant une recreation tres-agreable & incomprehensible à ceux qui n'ont point encore veu de semblables surprises.

Je suis d'avis qu'à chaque animal dont j'escriray les apprests, je suive le mesme ordre que j'ay fait au veau le dépeçant en autant de parties qu'il se vend à la boucherie & disant sur chacune tout ce à quoy elle peut estre employée, afin que le Lecteur n'ait aucune peine à chercher ce qu'il desire apprendre, & aussi pour soulager la memoire des cuisiniers, qui en voyant ce qu'il y a dans leur garde manger resoudront ce qu'ils en veulent tirer pour cuire, & de quelle maniere ils le voudront apprester.

Le pied de bœuf, les joües & les babines, ne sont qu'un manger tres grossier & qui veut boüillir fort long teps avant que d'estre cuit, c'est pourquoy je n'amuseray point le Lecteur aux apprests qui luy conviennent le mieux, en lisant ce que j'escriray du mouton, il l'apprendra pour les accommoder de mesme s'il veut.

Pour le palais, estans à demy cuit, ainsi qu'il sort de l'eschaudoir des tripiers, on en ostera la peau où touche la langue, on le coupera par morceaux, & fricassera à la mesme sauce des poulets, ou pigeonneaux, ainsi que j'ay dit en leur lieu; on en mettra aussi dans les pots pourris, & dans toutes sortes de pastez en forme de beatilles.

La langue, on la fera boüillir dans un bon boüillon pour la manger à la vinaigrette, ou bien on la picquera de lard pour la faire rostir à la broche, & on luy fera une sauce avec vin, vin-aigre, poivre & cloud de girofle si vous y aymez le sucre, c'est sa vraye sauce, mais il y faudra mettre de la canelle.

On les salera aussi, les prenant bien fraisches, & non mortifiées: il faudra les laver dans l'eau tiede, pour les bien nettoyer de tout le sang qui y est, puis on les relavera dans l'eau fraifche, & apres on les effuyera bien feches avec linges blancs, pour les faler dans des pots de grez, retournant deux ou trois fois celles de deffus qui ne trempent pas dans la faumeure, de crainte qu'elles ne fe gaftent, & afin qu'elles prennent également le fel ; au bout de douze jours, on les retirera, & on les mettra parfumer à la cheminée, les pendant par le petit bout avec une ficelle, y mettant un morceau de papier par deffus, pour les parer de la fuïe qui y tomberoit, & les gafteroit ; quand elles y auront efté quelque temps, & qu'elles vous paroiftront affez feches, vous les retirerez pour les pendre en lieu fec.

Pour les cuire, vous les ferez tremper dans l'eau tiede jufques à ce qu'elles amoliffent, les ratifferez & laverez bien dans plufieurs eaux, puis vous les ferez boüillir & cuire avec eau & fines herbes ; quand vous jugerez qu'elles feront cuites, vous les tirerez, les effuyerez bien &

leur donnerez le ply pendant qu'elles seront encores chaudes; vous les pelerez auſſi tres-facilement dans leur chaleur, pour les rendre plus propres & plus delicates, mais elles ne ſe garderont pas ſi bien que ſans peler, à cauſe qu'elles ſe deſecheront & durciront, vous les picquerez de huit ou dix clouds de girofle pour leur donner le gouſt.

Du quartier de devant on levera l'eſpaule, laquelle en toutes ſes parties n'eſt bonne qu'à boüillir, encore eſt ce la moindre chair de tout le bœuf.

Le bout ſaigneux eſt tres excellent à faire bon pottage, & il s'y trouve de petites fagouës, ou glandule à la gorge, qui ſont bien agreables à manger tant boüillies ſiplement qu'au cour-boüillon & en eſtuvée.

La poiƈtrine ou la piece tremblante eſt la partie du bœuf la meilleure & la plus honneſte à ſervir ſur table, pour la manger excellente, il la faut ſaller d'un jour, puis la faire boüillir dans l'eau seulement, ou bien au courbouillon; pour la servir sur table on luy fait des taillades toutes de sa longueur, afin que l'on ait plus de facilité à en couper.

Les alloyaux se mettent aussi boüillir, & rostir, faisant distinction des sortes; car les plus petits & tenves s'appellent charbonnées, qui à une necessité & faute de broche se peuvent rostir sur le gril, ou sur les charbons; ceux que l'on appelle alloyaux des deux costez sont les meilleurs, il y a un des costez de l'os plus tendres que l'autre, c'est pourquoy l'on dit le costé des maistres, & le costé des valets, ils ne veulent pas estre beaucoup cuits à la broche mais se mangent tous saigneux, & rouges, car s'ils cuisoient trop, ils perdroient leur jus qui est le suc le plus excellent de tout le bœuf; les ayant tirez de la broche, si l'on veut on en tranchera par morceaux dans le même plat, auxquels on fera une sauce avec sel & eau seulement, puis quand elle aura un peu boüilly sur le rechaud, on y mettra un filet de vin-aigre, un peu de poivre, & autres espiceries.

Le quartier de derriere sera depecé en roëlles, surlonge, trumeau, & queuë, les roëlles ou pieces de simier sont bonnes à hacher menu avec de la graisse, pour mettre en pasté en pot, comme le veau; & dans les petits pastez avec l'oignon ou ciboule, verjus de grain, grozeilles & espiceries; puis estant coupées par tranches tenvres, comme la grosseur de deux doigts, on les bat avec un rousleau ou baston, pour en rendre la chair plus courte, & on les cuit en sivé avec boüillon du pot & sel; quand elles sont presques cuites, on y adjouste le vin, verjus, vin-aigre, espiceries, avec peau d'orenge, laurier, ou autre bonne odeur, on en larde de plus grosses pieces avec de gros lardons frottez de sel & poivre, comme ceux de court-boüillons, les ayant premieremét battuës

tuës avec le rouleau, lesquelles on fait cuire aussi en sivé ainsi que je viens de dire, & on les fait boüillir si long-temps, qu'il faut que la sauce se reduise presque à rien, c'est ce que l'on appelle bœuf à la mode; l'on en fait aussi boucaner ou enfumer, les ayant battuës auparavant, & sallées comme les jambons de porc; ces chairs servent aux lieux où la fraîche tuée ne se retrouve pas facilement, comme sur Mer, dans les villes assiegées & autres lieux, si l'on manque de vaisseaux propres à les saler, il suffira de les mettre dans un sac avec quantité de sel, lier le sac, & avec un baston battre dessus, puis la laisser reposer demy jour, rebattre encore, & apres la tirer du sac, pour la fumer ou secher; les pieces de simier tranchées froides se mangent aussi à la vinaigrette.

Les morceaux du surlonge, sont aussi de tres-bonnes pieces à boüillir, & l'on en peut faire de bons pastez aussi bien que des pieces de simier pour avoir toûjours quelque provision dans le logis, crainte d'estre surpris.

La queuë se mangera boüillie ou fricassée, ou bien en sivé, & c'est une partie du bœuf dont les bouchers font leurs ragousts, pour traitter leurs amis.

Pour le trumeau, il est bon à donner liaison aux pottages, où on ne veut pas faire grande dépence pour les nourrir.

Tout ce que j'ay écrit icy du bœuf, se peut dire de la vache, laquelle quoy que jeune & grasse, est toûjours moindre en bonté que le bœuf, il n'y a que la tetine qui soit considerable pour mettre au rang des viandes exquises, laquelle peut estre mangée en toutes les sortes d'appresls que j'ay dit, que l'on pouvoit accommoder les palais de bœuf, & les beatilles.

Quand aux entrailles de bœuf, les tripieres les vendent toutes prestes à estuver, ou rostir sur le gril, reservé le foye, qui ne se mange que setous les apprests que j'ay dits des entrailles des veaux, peuvent estre pratiquez à celles des bœufs, mais il ne se faut attendre de les trouver si delicates.

Le rognon se peut cuire en sivé seulement, tout entier, ou par tranches, car de le frire, seroit un manger bien rude.

CHAPITRE X.

Des Moutons & Chévreaux.

L'Agneau gras de laict, sera égorgé, souflé, & habillé comme le veau.

La teste, à laquelle vous laisserez le col, sera échaudée, & les pieds aussi, lesquels on fera cuire dans le potrage de santé, ou dans le pot pourry; On les met aussi au pottage de laict d'Amandes, accommodé ainsi que j'ay dit cy-devant aux perdrix.

Quand l'aneau n'est pas plus grand

qu'un Lappin ; on le peut mettre entier dans les mesmes pottages, ou bien on le larde pour le rostir à la broche.

La sauce verte que j'ay enseignée cy-devant au chapitre des œufs, est la vraye sauce à laquelle on le peut manger, quand il est fort, on le partit en quatre quartiers, ou par la moitié en long, que l'on cuit à la broche sans estre lardée, mais seulement on l'enrose de beure, & quand on juge qu'elle approche de sa parfaite cuisson, on la poudre de mie de pain, & sel menu, luy donnant encore quelques tours de broche pour faire prendre une couleur rousse au bain, pour la sauce, l'eau, le sel, avec un jus d'orenge, ou de citron si l'on n'y veut mettre un peu de siboulette.

Sa fressure se met aussi cuire dans le pottage, ou bien on en fait une fricassée, avec boüillon du pot, sel, verjus, espiceries, & sur la fin de la cuisson quelques jaunes d'œufs, délayez au verjus, ou bien de la cresme douce pour époiſſir la ſauce.

Si vous en voulez frire quelque piece, mais particulierement le brichet ou poictrine, vous la ferez tremper dans une ſauce à la marinade de poulets, & apres l'avoir poudrée dans de la farine, ou trempée dans vne paſte à beignets, vous la frirez dans le ſaindoux, lard, ou bœure.

Le Mouton ſera auſſi habillé & dépecé comme le veau.

La teſte eſt la moindre partie, & il n'y a que les pauvres gens qui en acheptent; encore les tripierres qui les vendent leur oſtent la langue auparavant; on la met rechauffer ſur le gril, ou dans le four, & le peu de chair ou peaux qui y tiennent ſont mangez avec le vinaigre, & poivre; pour la cervelle on a aſſez de peine à caſſer la teſte à grands coups de marteau, pour l'avoir.

La langue eſt tres delicate, & elle peut eſtre ſervie devant les perſonnes de toutes ſortes de conditions, il faut ôter la peau qui eſt ſur la langue, & ſur le palais, puis l'ouvrir en deux par deſſous juſques au palais, & la poudrer de mie de pain & de ſel, puis la mettre ſur le gril, & quand elle ſera bien cuitte d'un côté, vous la retournerez, & repoudrerez encore pendant qu'elle s'achevera de cuire, on luy fera une ſauce avec du verjus, & fort peu de boüillon du pot, on la pourra auſſi appreſter en étuvée ; ſans la dépecer, au cour-boüillon, en compôte, avec champignons & andoüillettes de veau, en paſté découvert, & en beaucoup d'autres ſortes, que vous trouverez toutes bonnes, ſi vous avec le gouſt fin, & la main ſeure à l'aſſaiſonnement.

Pour les pieds, on les fait boüillir dans un pot à part, car ſi l'on les mettoit dans le pot à la viande, le boüillon auroit le gouſt de tripe ; quand on les croira aſſez cuits, on les retirera, & on les ſervira entiers ſans les dépecer, avec le vin-aigre, le ſel, & fort peu de poivre, si vous les voulez fricasser à la poesle avec le bœure, le sel, verjus, peu de vin-aigre, la ciboulette & les espaliers, puis il faudra les couper par morceaux, & ôter les grands os, avec un certain bouton plain de poil qui est entre les deux grands doigts, & sur la fin y adjouster les jaunes d'œufs délayés au verjus.

Quant aux autres intestins que les Tripieres vendent, on en rôtit sur le gril une bonne partie, & l'autre on la fricasse ainsi que les pieds de mouton.

Le col de mouton que l'on appelle le bout saigneux, est excellent bouïlly aussi bien que toutes les autres parties du mouton, sans en excepter aucune, mais plus les unes que les autres; la queuë entiere qui fait le quartier de detriere, à la reserve du gigot ou esclanche, donne ordinairemét un goût de suif au pottage, c'est pourquoy si on la veut mettre bauïllir avec l'autre viande, il faudra la bien dégraisser de tout le suif qui sera autour du rognon, & quand elle sera cuitte, si l'on veut la mettre rostir sur le gril, ou la servir avec la sauce de la langue.

On met aussi boüillir le bout seigneux avec des navets, aussi bien que la poitrine ou brichet, & sur la fin de sa cuisson, on fait roussir de la farine sur la poesle du feu, (l'ayant bien nettoyée ou écurée auparavant) retournát avec la cueillere de crainte qu'elle ne brusle, & quand elle aura pris une belle couleur rousse, on la détrempera dans un plat avec le verjus, pour la verser dans le pot un peu auparavant que de dresser; cela se nõme un haricot, ou une bisque de bourgeois: On les met aussi en pâte, ainsi que les poulets, leur faisant une sauce aux œufs délayez avec le verjus.

Le collet ou quarré sera mis rôtir à la broche ayant coupé un peu l'épine du dos entre chaque costelette, pour la commodité de la dépecer quand il sera cuit, & on le poudrera

de mie de pain & de sel, comme
aussi on le partit à chaque côte que
l'on met sur le gril, & que l'on assaisonne tout ainsi que les langues
de mouton, mais il leur faudra
donner un coup du plat du cou-
teau à chacune auparavant que de
les cuire, afin d'en rendre la chair
plus courte, & corrompre un peu les
os.

L'Espaule sera rostie à la broche,
& si l'on veut on y passera du persil
avec la lardoire, pour luy donner bon
goust; sur la fin de la cuisson, on la
poudrera de pain & sel, & on luy
fera une sauce comme aux langues.
Estant rostie sans persil, si vous en
voulez faire une galimafrée, il faudra lever la peau jusques au manche
sans la détacher entierement; puis
oster toutes les chairs, & les hacher
bien menuës avec un peu de persil,
d'oignon, ou de ciboulette, les fricasser dans le bœure roussi, ou le lard
fondu y mettant un peu de bouïl-
lon, avec le verjus, sel & espiceries

pendant que l'on fricaſſera, il faudra mettre l'os ſur le gril, le couvrir de ſa peau, & le retourner pour luy faire prendre un petit gouſt de roſty ; quand on voudra ſervir on le dreſſera ſur un plat, & on remettra ce hachis d'où il eſt party, le couvrant de ſa peau au mieux que l'on pourra.

Le quartier de derriere pourra eſtre mis roſtir à la broche tout entier, ou le gigot, & la queuë, chacun à part.

Pour accommoder un gigot au cour-boüillon, ou à la ſuiſſe, ou au ſauget, il faudra l'écorcher de ſa peau qui entoure les muſcles, puis le battre avec un baſton pour en rendre les chairs plus courtes, & luy couper le bout du manche où tient l'oſſelet ; apres il le faudra larder de gros lardons, ſallez & poivrez, pour le mettre boüillir dans un pot à part, ſur la fin de la cuiſſon, il faudra adjouſter les meſme ingrédiens qu'aux autres cour-boüillons, ſi vous voulez vous accommoderez le quartier tout entier au court-boüillon, & en le servant répandrez par dessus un jus d'ail pilé avec un peu d'eau, avec des grains de grenade, & des fritteaux autour du bord du bassin.

Vn gigot ainsi lardé, sera mis en paste fine, pour estre mangé chaud ou froid, ceux qui ayment l'ail y pourront couler quelques gousses bien épluchées.

Estant aussi écorchée jusques au manche, & le bout de l'osselet coupé, on en ostera toute la chair que l'on hachera avec graisse de bœuf ou lard, puis on la sallera, espicera, & l'on y mettra de la ciboulette avec deux œufs cassez blanc & jaune maniãt bien le tout ensemble, pour apres remettre ce hachis autour de l'os, environ de la mesme forme qu'estoit le gigot, le revestant de sa peau, & le liant avec de la petite ficelle, cela fait, il le faudra mettre dans un pot à part, l'emplir du bouillon du grand pot, & le mettre au feu ; quand il fera à demy cuit, on y adjouſtera des navets, & on fera reduire le boüillon le plus court que l'on pourra; quand on le voudra ſervir, il faudra le dreſſer dans un plat ſur une aſſiette, oſter la ficelle, & mettre par deſſus les navets à ſec.

Si vous n'y voulez point de navets eſtant preſque cuit, vous y adjouterez un oignon ou deux, du laurier, du thim, & quelques peaux de citron.

Le gigot farcy eſt mis auſſi en paſte fine, & veut eſtre ſervy chaud, avec les œufs délayez, ou le jus d'ail, en le tirant du four.

Les rognons des aigneaux que l'on châtre, ſeront ouverts par la moitié, & mis dans les pâtez avec les beatilles, ou en eſtuvée, rôtis à la broche eſtans lardez, ou bien ſeront friz ainſi que les ris de veau.

Ceux de belier ſeront tranchez par roelles, & poudrez de ſel, & un peu de poivre, ſi l'on ne les veut laiſſer tremper dans la sauce de poivre, si l'on ne les veut pas laisser tremper dans la sauce de marinade; & quand ils en auront pris le goust, on les trempera dans la paste à beignets, où on les farinera simplement pour les frire dans la poesle, & les servir avec le persil frit, & le jus d'orenge.

Le chevreau s'accommode à toutes les sortes de preparatifs que j'ay enseignez cy-devant, pour l'agneau quoy qu'il ne soit pas à comparer à luy, d'autant qu'il ne prend jamais si haute graisse, & qu'il sent toûjours quelque goust de bouccain, c'est pourquoy les rotisseurs laissent un peu de peau & laine à la queuë de l'agneau, pour témoigner que ce n'est pas du chevreau: la chevre se cuit aussi comme le mouton, mais elle n'est guere agreable à manger.

CHAPITRE XI.

Du Porc.

LE Cochon de laict, peut estre mangé aussi-tost qu'il est tué, sans qu'il soit besoin de le laisser mortifier pour le rendre plus tendre ; il faudra le saigner par la gorge, puis l'échauder dans de l'eau bien nette, alors qu'elle veut commencer à jetter ses premiers bouillons, frottant le poil avec la main, ou avec un linge bien blanc ; si vous voulez faire épreuve de la chaleur de l'eau, il faudra tremper seulement le bout de la queuë, & si elle quitte son poil, c'est une marque que l'eau est de bonne chaleur; quand il sera pelé, vous luy fendrez le ventre vers le nombril un peu en travers, par cette ouverture vous tirerez la pance & les boyaux, cernant le gros boyau autour du cul, vous osterez... le fiel qui tient au foye, luy mettrez... dans le corps un oignon ou de la ciboule, du sel, du poivre, & un brin de sauge, puis vous refermerez la playe avec une brochette, pour apres le mettre roſtir, luy ayant fouré la broche par le cul, qui reſſortira par la gueule ; & auſſi-toſt qu'il commencera à prendre chaleur, & à ſuer, vous l'eſſuyrez avec un linge blanc, eſtant cuit, vous le ſervirez tout ſortant de la broche, car ſi vous le laiſſiez refroidir, ou que vous le couvriſſiés pour entretenir ſa chaleur, la peau ſe ramoliroit & ſeroit deſagreable à manger ; la plus excellente partie de tout le cochon de laict, c'eſt tout le tour du col ; la farce faite avec le foye, le mou, & les herbes aſſaiſonnées, ainſi que j'ay cy-devant dit au chapitre des Oiſons, ſera miſe dans le corps en ſervant le cochon, ou à part dans un plat pour ne pas ramolir la coüeſne.

Pour le mettre au court-boüillon quand il ſera pelé & vuidé, vous le larderez de gros lard falé & poivré, l'enfévelirez dans une ferviette, la lierez par les deux bouts. Le mettrez cuire dans les affaifonnemens des courts boüillons; eftant cuit, vous le tirerez & ofterez la ferviette dans laquelle il aura cuit, & le dreffere̋z dans un baffin fur une autre ferviette blanche; jetterez par deffus des grains de grenade, des fleurs de buclofe ou autres, des tranches de citron, & les autres ornemens convenables; fi vous le voulez couper par quartiers, & que la tefte face le cinquiéme, il ne fera point neceffaire de l'enfevelir; quand vous le dreffere, vous mettrez la tefte dans le milieu du baffin, & les membres d'autour.

Pour le porc, quand on luy aura fourré le coûteau dans la gorge, on recueillira le fang; & avant qu'il fe refroidiffe on le maniera & dérompra avec la main pour l'empefcher de fe cailler (oftant des petits fibres qui s'amafferont dedans en une maffe,) afin

afin d'en faire le boudin, ainsi que j'enseigneray cy-apres; estant mort on luy brûlera le poil, ou on l'échaudera selon la mode du pays, apres on l'ouvrira par le dos, on vuidera toutes les entrailles, & on le jartera pour le pendre, afin de luy tirer les jambons en long à la mode de Mayence; estant froid, on le dépecera, coupant la gorge la plus large que l'on pourra, pour faire des languiers à la maniere d'Anjou, levant aussi les gros jambons tout de leur long, & apres on sallera par pieces ce que l'on veut conserver pour mettre au pot de l'ordinaire, ou manger aux poix, mettant le lard & les pieces qui ont le moins d'os au fond du saloir, comme celles qui se conservent le mieux, & les autres comme les côtelettes au dessus, afin qu'elles prennent bien moins sel, & soient mangées les premieres ; Car quand aux pieds, oreilles, & groüin, je crois qu'il est à propos de les saller à part; les trippes seront bien-proprement lavées, &

les boyaux retournez pendant qu'ils seront encor chauds, puis mis dans l'eau fraîche, afin d'en prendre pour faire les boudins & les andouilles.

Pour la freſſure qui eſt le cœur, le foye, la rate & le mou, on les pendra en l'air pour égouter leur ſang.

Pour faire d'excellent boudin, il faudra hacher de l'ognon, & le faire parboüillir dans l'eau, puis le tirer avec l'eſcumoire; & le mettre parmy le ſang, avec du ſel, du poivre, du cloud de girofle, & de la canelle battus enſemble, y coupant de la panne en petites billes, pour eſtant le tout bien meſlé enſemble, le faire entrer dans les boyaux les plus petits qui auront eſté bien grattez & dégraiſſez avec un couſteau; & pour le parboüillir on le mettra dans un chaudron d'eau ſur le feu, le picquant de crainte qu'il ne creve, ſi vous y voulez mettre du laict avec le ſang, il en ſera plus excellent; le boudin blanc se fait avec hachis de volailles rôties, & laict au lieu de sang, y mettant la panne, l'oignon, le sel & espices, ainsi qu'aux rouges, aucuns y mettent le fenoüil battu, & quelques grain de musc & d'ambre; pour cuire le boudin blanc, apres qu'il aura esté parboüilly ainsi que les rouges, au lieu de mettre sur le gril simplement, on le cuira dans la lechefritte, ou un bassin d'argent, le mettant dans le four ou sur les charbons, & afin qu'il prenne une couleur de rissolé, on égoutera souvent la graisse; si l'on se contente du gril, on mettra une feüille de papier par dessous : La moutarde, est la vraye sauce de tous les boudins & andoüilles, soit celle de Dijon ou la commune.

Pour faire les andoüilles, on fera blanchir les boyaux, deux ou trois boüillons, puis on les retirera, & sechera dans des serviettes, pour les saler, & les laisser ainsi reposer sept ou huit jours, au bout desquels vous les couperez par bandes, & vous trancherez aussi du lard doux par lardons, que vous poudrerez de poivre, puis en emplirez les boyaux qu'aurez reservé pour les robes, lesquels vous n'aurez point fait parboüillir, d'autant qu'ils se romproient ; & formerez vos andoüilles que vous pendrez à la cheminée, si vous les voulez parfumer pour les garder, sinon vous les cuirez à demy, ainsi que j'ay dit le boudin, les plus excellentes, & les plus delicates andoüilles se font avec des fraises de veau, au lieu de boyaux de porc, & se cuisent dans de bon boüillon auparavant que de les rostir sur le gril.

Le foye, le mou, la ratte & le cœur se mettent boüillir dans le boüillon où on aura cuit le boudin, lequel sera meilleur, d'autant plus qu'il se crévera de boudin; & quand on sera prés de dresser, on fera rôtir deux tranches de pain, que l'on fera mittonner avec verjus & vin-aigre, puis on les éca-

chera bien; & on les jettera dans la
boudinée, pour ce brouët estre servy au lieu de pottage; on les cuit aussi en sivé, & le foye est parfois lardé & mis à la broche ainsi que celuy de veau.

La gorge où tiendra la langue sera sallée avec les pieds & autres issuës, au bout de dix ou douze jours retirée, bien essuyée, & penduë à la cheminée avec une feüille de papier par desssus pour la preserver de la suye; puis estant suffisamment fumée, on l'ostera, & on la conservera penduë en lieu sec.

Sur le porc, il se leve certaine parties qui sont excellentes à mager sans saler, comme les espinées ou eschignées, & l'os court, liévre de beausse; lesquelles on rostira à la broche sans larder, & on leur fera une sauce à la barbe-robert.

Il se leve aussi des griblettes ou tranches de chair lesquelles on hache bien menu avec lard doux, & panne, les assaisonnant ainsi que pour faire des saucisses; puis on les enferme & entoure de la crespine, les formant en grosses andoüillettes rondes, que l'on fera cuire dans la poesle sans autre graisse que celle qu'elles rendront, & sur la fin de la cuisson on y mettra un peu de verjus pour leur donner la pointe; de ce hachis on en fera tout ce que j'ay dit que l'on peut faire du veau haché, comme aussi toutes sortes de patisseries, tant de chair hachée, qu'entiere, & lardée en forme de venaison.

Les pieds, oreilles & groüin seront tirez de leur saloir, & mis cuire dans l'eau seule, puis rostis sur le gril, & servis avec une sauce à la barde-robert; si l'on veut les couper par morceaux on les passera par la poesle, où on les mettra mitonner dans un pot, avec du boüillon du pot un peu de verjus, vin-aigre, moutarde & oignon.

Les côtelettes & poictrine, seront

DE LA CAMPAGNE. 371

cuittes auſſi à part, & mangées ſans autre aſſaiſonnement; ſi l'on ne les met ſur le gril, avec la Sauce à robert.

Il ne reſte plus que les jambons, qui pour eſtre bien accommodez à la mode de Mayence, il les faudra laiſſer mortifier quelques jours, meſme juſques à ce qu'ils filent, puis on les retirera du Saloir, & on les poſera ſur une table, & un aix par deſſus, lequel on chargera pour les preſſer & faire ſortir toute la ſaumeure, puis on le reſalera du coſté de la chair, & au bout de trois jours on le pendra pour l'enfumer, bruſlant deſſous des herbes fines, Geneſt, Roſmarin, & autres, puis on le pendra quelque temps, il y en a quelques-uns qui les frottent de lie de vin, les enterrent ſous l'égouſt du tonneau, ainſi que les formages que l'on affine, mais ie trouve que le meilleur eſt de les poſer ſur une table en lieu frais & ſec, & les charger comme auparavant.

Pour cuire le jambon, on le fera bien tremper dans l'eau tiede, le rechangeant plusieurs fois s'il est beaucoup salé, puis on le lavera & essuyera bien pour le mettre boüillir dans un chaudron ou urselle, le plus pressé que l'on pourra, afin qu'il y ait peu de boüillon, & que sa bonté ne se dissippe pas dans un grand lavage d'eau, il sera besoin d'y mettre au fond une poignée de foin delié, avec des fines herbes dessus, deux gros oignons, & quelques peaux de citron, vous aurez toûjours de l'eau chaude pour le remplir à mesure que son boüillon s'évaporera, quelques-uns y mettent du vin en cuisant, mais ce n'est pas mon sentiment, car il le racornit : Quand il sera cuit, vous le laisserez refroidir dans son boüillon, afin qu'il en prenne le goust, jusques à ce que vous le puissiez tirer avec les mains sans vous brusler, & le poserez sur un plat, avec une assiette retournée dessous, pour mieux égoutter son boüillon,

DE LA CAMPAGNE. 313
lon, vous léverez fa peau ou coüenne de deſſus le lard, & le poudrerez de poivre, & un peu de canelle battuë, y picquerez des clous de girofles, y mettrez par deſſus du perſil haché menu, avec un peu de thim, quatre ou cinq feüilles de laurier entieres, & le recouvrirez de fa coüenne, le laiſſant refroidir à loiſir.

Pour lever des belles tranches & bien longues, il faudra que le coûteau tranche du deſſus en tirant vers le manche en le couchant, & les faire les plus deliées ou tenves qu'il ſe pourra.

De ces tranches, on en met ſur la grille, & on en fait à la poeſle, pour ſa ſauce, le jus d'orenges, ou au moins le vin-aigre avec le poivre à diſcretion, on en hache auſſi pour mettre dans les omelettes.

Les paſtez de jambon, ſe font en paſte bize, il faut qu'ils ſoient preſque cuits auparavant que de les enfermer; il faudra en oſter la coüenne, & laiſſer le paſté long-temps au four.

D d

Le languier de cochon salé, sera cuit ainsi que le jambon, tranché tout droit, rosty sur le gril, frit à la poesle, & mangé à la mesme sauce que le Jambon.

CHAPITRE XII.

Du Lièvre.

LEs Levrauts se mangent de toutes grandeurs, les meilleurs sont ceux qui sont nez en Janvier, alors qu'ils sont demy, ou de trois quarts; quand ils sont en leur parfaite grandeur, & que l'on doute qu'ils soiët vieils, on leur tire les oreilles en écartant, si la peau se relasche, elle témoigne sa tendresse ; mais si elle tient ferme, c'est signe qu'il est vieil.

Ils s'écorchent tous, jeunes & vieils, & sont lardez pour estre rôtis à la broche les ayans frottez auparavät avec leur foye pour les rougir ; la sauce douce est la meilleure ; le plus excellent morceau est la cuisse , &

particulierement l'os où tient la lunette, le rable est aussi beaucoup estimé: On les met en sivé, & en paste bize desossez, ou avec leurs os, pour envoyer au loing: & en fine pour estre mangés chauds ou froids: Quelques dégoûtez avant que de les faire rostir les font tremper demy jour dans le vinaigre: Autres les vuident de leurs boyaux, & leur mettent un morceau de bœure dans le ventre, puis le recousent, & le font rostir avec sa peau.

CHAPITRE XIII.

Des Lappins.

LEs Lappins de Garenne se reconnoissent à la couleur, à l'odeur & au goust: à la couleur, parce qu'ils ont le poil du pied & le dessous de la queuë plus roux que ceux de clapier: tout le mâteau en tiét aussi, mais il est difficile à connoître, les rotisseurs leurs brûlent le poil des pieds pour le roussir, quoy que souvent ils les refacent à l'eau, il ne faut point d'autre marque pour estre certain de leur tromperie, à l'odeur qui est facile à connoistre, quels embaumemens ou parfums qu'ils y facent; mais sur tout au goust, auquel nul ne peut estre trompé; il y a des Garennes qui ne donnent odeur ny goust aux lappins, que quand ils sont beaucoup mortifiez; c'est pourquoy il n'en faudra pas faire jugement si à la legere.

Pour connoistre un jeune d'avec un vieil, on luy tire aussi les oreilles, mais la plus certaine connoissance, est quãd ils ont la jointure des pieds de devant bien grosse, ce que l'on reconnoist en tastant & coulant le pouce, & le premier doigt, par dessus le poil.

On le met en estuvée, ou fricassée ainsi que les poulets: son vray goust pour la sauce est un petit jus d'ail.

En paste fine, on y en met de hachés par morceaux pour manger chauds: & on les laisse entiers y en mettant plusieurs si l'on veut dans un même pâté, le jus d'ail coulé dedans en sortant du four, est excellent à ceux qui l'aiment.

Lardé ou bardé il sera mis en broche, & rôty ; faute de lard, on l'arrousera de bœure, & tout sortant de la broche, on le mettra dans le plat le renversant sur le dos, & on mettra dans le corps du sel & de l'eau seulement, qui est ce que l'on appelle salmigondis, par un mot corrompu du Latin, *salmixtum vndis*.

Les écureüils & rats d'eau, seront apprestés en toutes les sortes que nous avons dit les lapreaux.

Il y a d'autres animaux, comme les blereaux à nez de cochon, les loutres, & autres dont l'on mange qui ne sont pas bien à nostre usage.

CHAPITRE XIV.

Du Sanglier.

LE Marcassin sera assomé, si l'on ne le veut saigner par dedans le gozier, & encore ne faudra pas laisser sortir le sang, car aussi tost que l'on luy aura picqué la veine, il faudra retirer le coûteau, & luy fermer la gueusle, afin que son sang le suffocque; estant refroidy, on l'écorchera luy laissant pourtant la peau à la teste & aux pieds; on le vuidera de tous les intestins, puis on le frottera par tout, avec les caillots de sang que l'on trouvera dans sa gorge ou dans le corps, & apres on le lardera assez menu pour le rostir à la broche à l'ordinaire.

La sauce se fait avec sucre, vin, vin-aigre, poivre, & un peu de canelle.

Pour déguiser des cochons en marcassin, il faudra les tuer, dépoüiller, & frotter de sang comme les autres, leur brûler un peu les pieds & quelque peu de la teste, en les refaisant sur le feu pour les larder, mais sur tout leur cogner le bout du nez, pour le racamuser.

Les sangliers s'accommodent en

toutes les façons que les porcs communs, tant pour le ſaloir que pour roſtir, à la reſerve ſeulement que l'on n'en fait point de lard à part, mais on leve & on écorce la peau de deſſus le lard : il eſt beaucoup plus excellent à manger aux pois que le porc commun.

La hure ſe ſert toute entiere ſur la table des grands, & pour la preparer, il faudra luy fourrer une broche dans le trou du cerveau, & flamber tout le poil, pour la bien nettoyer, ſi l'on ne l'eſchaude ou raze : apres l'avoir bien nettoyée & lavée, on la fera cuire dans un bon cour-boüillon & l'on n'y mettra les aſſaiſonnemens que ſur la fin de cuiſſon, n'y le vin auſſi qu'il faudra eſtre rouge, & en quantité, faiſant reduire le boüillon au moins que l'on pourra, & laiſſant refroidir la hure long-temps dedans afin qu'elle en prenne le gouſt: puis on la ſervira entiere dans un baſſin ſur une ſerviette blanche, & on l'ornera de fleurs, grains de grenade, tranches de citron, & persil haché.

Les Jambons ou autres parties du sanglier propres à faire des pastez, seront battuës du rousseau pour en rendre la chair plus courte, & seront mises en paste fort bize.

CHAPITRE XV.

Du Cerf, Chevreüil, & autres Venaisons.

IL seroit surperflus de vous repeter toutes les sortes d'apprests que j'ay dits au veau, mouton, & autres animaux domestiques, avec lesquels vous pourrez preparer toutes les venaisons ainsi que vous jugerez qu'ils y seront les plus convenables, tant à rostir qu'à mettre en paste, & à saler; ce seroit trop vous amuser que d'en faire des redites, joint aussi qu'estant sur la fin de nostre livre, & ne le voulant pas tenir plus gros que celuy de nostre Jardinier, il faut laisser place pour le poisson: Je feray seulement une marque necessaire, qui est que j'ay toûjours experimenté, que les venaisons portent d'elles-mesmes la moitié de leur sel: c'est pourquoy l'on sera plus retenu qu'aux autres chairs des animaux domestiques.

Du bois de cerf rapé se fait de la gelée sans chair, y mettant tous les assaisonnemens que j'ay dit cy-devant à celle qui est faite avec les pieds de veau: le revenu du cerf qui est le jeune bois qu'il pousse alors qu'il a mis bas le vieil, est mis boüillir dans un bon cour-boüillon, & est pelé, tranché par roelles, assaisonné & servy à toutes les sauces que l'on prepare les truffes.

CHAPITRE XVI.

DU POISSON.

Les Carpes de Seine sont meilleures que de toutes les autres rivières de France : celle d'eſtang ou de mare, ſi elles ne ſont dégorgées long-temps dans l'eau courante ont un gouſt de bourbe.

Il y a des carpes dorées qui ont les eſcailles fort larges, que l'on eſtime outre leur beauté, pour étre les plus excellentes.

Pour la mettre à l'eſtuvée, on l'écaillera tout ſortant de l'eau, autrement l'écaille ſeroit plus difficile à lever ; apres on l'ouvrira depuis le trou du ventre juſques à la teſte on tirera tous les dedans, ſe gardant bien de crever le fiel, lequel on oſtera proprement, & on la coupera en autant de pieces que l'on voudra, prenant garde de perdre le ſang qui eſpoiſſit & donne gouſt à la ſauce, puis on la mettra dans le chaudron (& tout ce qu'elle avoit dans le corps, ſi l'on n'en veut oſter les boyaux,) avec beurre ſel, verjus, vin-aigre, oignon, peau de citron, ou d'orenge, eſpiceries, beaucoup de vin & un quart d'eau :

On la fera cuire promptement pour empefcher qu'elle ne prenne le gouft de cuivre, remuant par fois le chaudron, de crainte qu'elle ne s'y attache : & on reduira la fauce au moins que l'on pourra, afin qu'elle foit de bon gouft : puis eftant cuitte, on la tirera & dreffera pour la fervir promptement, car fi l'on la mettoit rechauffer, elle rendroit le beurre qui furnageroit en huile, ce qui feroit dégouftant.

Le demy cour-boüillon fe fait ayant vuidé la carpe fans l'écailler & fans la couper, il la faudra mettre dans le chaudron avec la mefme fauce qu'à l'eftuvée, & on y ajoûtera des capres, des pruneaux, des raifins de damas, de quaiffe, de corinthe, le pignon & les piftaches : au lieu de la dreffer fur des tranches de pain, on y mettra du pain d'epice.

Eftant efcaillée & vuidée, on luy fera des taillades & on la frottera de beurre fondu, pour la roftir fur le gril, & cependant on fera boüillir les laictes avec vin, vin-aigre, bœure, fel, oignon ou ciboule, efpiceries, capres & champignons ; pour (la carpe eftant dreflée,) verfer cette petite étuvée par deffus.

Apres avoir écaillé la carpe, on coupera la peau tout le long du ventre jufques à la queuë, puis on dépoüillera tout le corps de la carpe, la fortant hors de la peu, y laiffant feulement tenir la tefte & la queuë, on levera les chairs de deffus les arreftes, & on les hachera avec les laictes, le perfil, un peu de ciboule, & quelques champignons cuits ; puis on affaifonnera ce hachis avec les efpiceries, le fel, les œufs ℞ 🙵z, & le bœure, & on meflera auffi bien tout enfemble rempliſant la peau de la carpe, & luy recoufant le ventre pour la remettre en fa premiere forme : Apres on la fera bien cuite dans la cafserolle, dans la léchefritte, ou dans un baffin d'argent, la mettant fur les charbons, ou bien mieux dans le four : la nour-

DE LA CAMPAGNE. 325
riſſant de bœurre autant qu'elle en aura de beſoin, & la retournant, afin qu'elle cuiſſe des deux coſtez : ſur la fin de la cuiſſon, on y fera une petite ſauce d'eſtuvée, on oſtera le trop de bœurre pour luy faire prendre la couleur & le gouſt de roſty : ſi l'on veut la poudrer d'un peu de crouſte de pain raſpée bien deliée, elle y conviendra bien : Quand on la voudra ſervir, on oſtera le fil de la coûture qui ſeroit deſagreable à voir & on poudrera le bord du plat avec de la croûte de pain & quelque tranche de citron : on ſert auſſi les carpes farcies avec des naveaux cuits à part en plein bœurre, ou faits à la poeſle.

Pour un hachis de carpe : eſtant écaillée, on coupera la peau tout le long du ventre & du dos de chaque côté de l'arreſte : puis par le haut joignant la teſte, & on tirera la peau vers la queuë, la mettant à part : apres on fera une taillade par le milieu de chaque coſté, & on levera les bandes de chairs de dessus les costes, que l'on hachera deliées, & on les assaisonnera de sel & espiceries: apres on mettra cuire ce hachis avec le bœure, le retournant souvent de crainte qu'il ne s'attache: sur la fin de la cuisson on y coulera un peu de verjus, & dans la saison on y mettra les marons ainsi qu'au veau: si vous avez du boüillon du grand pot des jours maigres, vous y en mettrez pour le nourrir.

Ce boüillon du grand pot se fait avec les aresles, les écailles, les testes & queuës des carpes & tanches que l'on desosse: s'il n'y en a pas suffisante quantité, on y mettra des carpes ou des tanches pour luy donner corps: ces poissons estans bien pourris de cuire, on passera le boüillon par l'étamine, & on pressera bien pour en tirer tout ce qu'il se pourra, de ce boüillon on en nourrira tous les hachis de poisson, & pottages de toutes sortes.

La carpe estant escaillée, & vuidée, sera coupée en long par la moitié, puis farinée, & fritte à la poële, la retournant pour la cuire des deux côtez: apres tirée avec l'égoutoire, & servie à sec, espreingnant dessus quelques jus d'orenges, & la poudrans de sel menu: les laictes ou œuves, seront frittes apres, & servies avec la carpe: si vous voulez frire les testes des corps que vous aurez desossez, pour mettre dans le milieu du hachis que j'ay dit cy-devant, ou coupées par moitiers, pour estre rangées autour du plat, avec des bandes de pain frit, cela ornera beaucoup le hachis.

Pour faire de bonne fritture, il faudra esteindre de l'huille, (c'est à dire la faire chauffer autant qu'elle peut sans brûler,) puis y mettre le bœure affiné & la faire chauffer jusques à ce que le feu y vueille prendre, avant que d'y tremper la carpe ou autre poisson, quand la fritture sera faite, on versera doucement le reste dans quelque pot à part, la coulant à travers l'égouttoire, & cette fritture est meilleure que la nouvelle faite, c'est-pourquoy, quand on en fera de nouvelle, il faudra y mettre de la vieille.

Le cour-boüillon se fait en vuidant la carpe sans l'écailler, quand elle est trop grande on l'ensevellit dans un linge, que l'on nouë par les deux bouts, & on y met tous les assaisonnemens des court-boüillons à la chair avec un morceau de beure, beaucoup de vin, & peu d'eau ainsi qu'à tout autre cuison de poisson, estant cuitte on décendra le chaudron de dessus le feu, & on laissera refroidir la carpe dedans pour luy en faire prendre le goust, apres on la dressera à sec sur la serviette, l'ornant de fleurs, tranches de citron & persil trempé dans le vin-aigre ; pour sauce, le vin-aigre avec un peu de poivre sera servy dans la sauciere.

La bisque de poisson se fait principalement avec la carpe, vous la commencerez en mettant mitonner du pain

pain seché avec du boüillon du grand pot, puis y mettre du hachis cuit, & un peu de poudre de canelle, apres des laictes, des peaux de carpes roulées, & des queuës d'escrevisses espluchées, (qui auront cuit ensemble dans un pot avec une petite sauce d'estuvée, un peu de boüillon du grand pot, & force bœurre.) lesquelles representeront les ris de veau, les pigeonneaux, & les crestes de cocq; les champignons aussi tout assaisonnez mis par dessus avec les pistaches; & quand on sera prest de servir, on la mettra sur le grand feu du charbon pour la bien dégraisser, & on versera par dessus du jus d'œufs d'escrevisses pilez avec un peu de boüillon, & du jus de citron; lequel prendra couleur de jus de gigot, & on mouvera ou secouëra un peu le bassin, afin qu'il se communique par tout : puis on la parera de tout ce qui y convient le mieux, ainsi qu'à la bisque de pigeonneaux.

CHAPITRE XVI.

Du Brochet.

LEs plus petits sont appellez lanceront, les moyens brochets, & les plus gros quarreaux, lesquels au rapport des marchands poissonniers peuvent parvenir en un an à cette grosseur, pourveu qu'ils se rencontrent en lieu où ils puissent se nourrir à suffisance, d'autant qu'ils mangent tout le poisson du lieu où ils sont, & peu de gros brochets sont suffisans pour ruïner un grand Estang; il y a quelques poissons qui s'en sauvent, comme la perche qui s'arme de ses arrestes, la truite par sa legereté, & quelques autres encore, mais peu; c'est pourquoy quand on pesche les Estangs, on ne pardonne en aucun, pour petit qu'il soit.

Tous gros & petits, sont cuits dans le cour-boüillon ordinaire, qui se fait avec vin blanc, verjus, vin-aigre, peu d'eau, sel, espiceries, morceaux de citron, oignon, & quelque peu de fines herbes & laurier.

Il leur faut ouvrir le ventre de toute sa longueur, les vuider entierement & les bien laver pour oster tout le sang, les essuyer un peu, les mettre sur un plat, les poudrer de beaucoup de sel, & verser doucement de bon vin-aigre par tout, cela luy donne un bleuf bien azuré, qui est tres-agreable à la veuë, apres on mettra le cour-boüillon sur le feu que l'on fera un peu boüillir, & quand l'esprit de vin prendra feu, il faudra mettre vos brochets dedans avec un bon morceau de bœure, les cuire promptement, & les laisser reposer dans leur cour-boüillon, car ils se ramoliroient, ce qui est fort desagreable, s'ils sont grands, on les ensévelira dãs une serviette; si petits, il n'en faudra point, estans cuits, on les tirera, & on servira le plus gros à sec sur la serviette blanche, les parant de fleurs

& tranches de citron ; pour la sauce, on mettra le vinaigrier proche, ou bien une sauce tournée faite avec un peu de cour-boüillon, du beurre & de la muscade ; quelques-uns pour l'entretenir toûjours époisse, & afin qu'en la chauffant elle ne se clarifie point, y délayent un peu de farine, mais elle n'est si delicate.

Le foye du brochet sera mis dans le boyau de l'estomach, apres l'avoir retourné & bien lavé.

Pour faire venir le bleuf qui se pratique aussi à la carpe, vous observerez, que si le poisson est vif, il prend un bien plus beau bleuf que le mort, auquel à cause de son écaille seche, faudra donner le vinaigre chaud.

Quand le brochet sera cuit, si vous le voulez mettre tout d'un coup avec sa sauce, il luy faudra oster la peau qui seroit desagreable à manger, à cause des écailles, mais je trouverois plus à propos de l'écailler auparavant que de le cuire, d'autant que la peau eſt le lard du poiſſon ; la peau que vous aurez levée la plus entiere que vous pourrez, ſera miſe ſur le gril, les écailles en deſſous avec un morceau de beurre par deſſus, & une pincée de poivre ; quand elle ſera rôtie on la tirera, & on eſpreindra deſſus un jus d'orenge ; ce ſera un petit ragouſt pour ceux qui ne ſont pas trop affamez.

Si vous avez quelque grande piece de poiſſon, brochet, truitte, carpe, ou autre, & que vous la vouliez conſerver long-temps ſans ſe gâter pour attendre quelque compagnie ; vous la ferez cuire en cour-boüillon, y ajoûtant des bayes ou graine de laurier, puis vous la mettrez dans un pot de grez, & non de terre ; eſtant froide, vous la couvrirez bien & un parchemin moüillé par deſſus, lié bien ferme, ainſi vous la garderez un mois ſi vous voulez, la mettant en lieu frais : le poiſſon qui ſe fond comme la tanche, & l'anguille, ne ſont pas propres à garder.

Les brochetons, apres estre vuidez & lavez seront fendus également par le dos comme par le ventre, depuis la teste jusques à la queuë, ne tenans ensemble que par les deux bouts; puis on passera la teste par dedans cette ouverture, on les frira dans la poesle, & on les servira en confusion dans un bassin, cela s'appelle brochets en dauphins: On frira aussi des gros brochets par moitiers ou par quartiers que l'on mettra dans un plat avec la sauce tournée, ou bien tous secs avec le sel par dessus, & le jus d'orenge.

Les chairs de brochet, & toutes autres sortes de poissons, sont propres à faire hachis, pannades, saucisses, andoüillettes, petits pastez, & autres delicatesses curieuses.

Les gros pastez se font en ostant les arrestes, & lardant les chairs avec tranches d'anguilles, lard de baleine, de marson, ou pour les jours gras de celuy de porc, lesquels il faudra poivrer auparavant que d'en larder les brochets.

DE LA CAMPAGNE. 335

Les gros de carpe, se font en paste bize; on les cuira tant que les arrestes se fondent, les remplissant de bœure; les petits, en paste fine, ou feüilletée.

Les œufs du brochet, ne servent qu'à dorer les patisseries de caresme, au lieu des œufs de poules.

CHAPITRE XVII.

Des Perches, Bresmes, Gardons & Chevesnes.

LEs perches seront cuittes dans le cour-boüillon, apres leur avoir osté les boyaux seulement: estans cuites, on oste la peau, & on les met dans la sauce tournée.

La bresme, le gardon & le chevesne seront écaillez, vuidée de leurs boyaux, puis tailladez, trempez dans le bœure fondu, & mis rostir sur le gril: pour la sauce, on leur donnera la méme de la perche, ou simplement le bœure fondu sur le réchaud, avec le verjus de grain, ou la grozeille, & peu de muscade.

Si l'on veut manger le chevesne en étuvée ou cour-boüillon, il faudra le couper par tronçons pour le rendre plus ferme.

CHAPITRE XVIII.

Du Goujon, & autres petits Poissons.

LE Goujon est bon frit, apres avoir esté vuidé de ses boyaux. La Vandaise au mois de mars est mise au rang des plus excellens poissons, & se mange à l'étuvée de la carpe, comme aussi les ables, ovalles, veron, loches & chabots; quand le veron grave, & qu'il est plein d'œufs, c'est sa meilleure saison, il ne faut point le vuider; & on fait une sauce aux œufs délayez avec verjus, ou bien une à la crème douce: pendant qu'il cuit, il le faut écumer avec une poignée d'orties pour en ôter l'amertume.

CHA-

CHAPITRE XIX.

Du Barbeau.

IL sera cuit au cour-boüillon apres avoir esté vuidé, puis on oste la peau, & on luy fait une sauce tournée, y adjoûtant des jaunes d'œufs délayez pour la rendre plus époisse; aucuns y laissent la peau, pour moy je les écaillerois, c'est tenir le milieu, entre laisser & oster, joint aussi la raison déja dite, que la peau est le lard du poisson.

CHAPITRE XX.

De l'Anguille.

Elle sera écorchée, puis ouverte par le ventre pour la vuider entierement & bien laver, apres on ôtera la teste & le bout de la queuë, & on la coupera par tronçons, qui tiendront pourtant quelque peu par le dos, afin de la ranger dans la casserolle en rond de limaçon, pour la faire cuire à l'estuvée ordinaire, y mettant un peu de persil haché pour luy donner bon goust, il la faudra retourner pour la cuire des deux côstez: pour la servir, il la faudra bien dégraisser & poudrer dessus de la crouste de pain rapé: Je crois qu'en dépoüillant l'anguille on n'ôte le plus delicat, c'est pourquoy j'aimerois mieux la délimoner dans la cendre rouge, ou dans l'eau chaude pour plus de proprieté, & y laisser la teste & toute la queuë.

Couppée en trois ou quatre tronçons, & tailladée, on la trempera dans le beurre, & on la fera rostir sur le gril, puis on y fera une sauce de poisson rosty, qui est le beurre, le vin-aigre, le sel, & la muscade.

Estant delimonée, on luy coupera la teste & le bout de la queuë, puis on l'ouvrira par le ventre tout le long jusques à la peau du dos, on ostera pareste, & on la battra avec un bâton pour l'applatir, puis on la poudrera de sel, poivre, persil haché bien délié, & un peu de marjolaine, & de thim, apres on la roullera de la queuë au milieu, & de la teste au milieu, cela fera la figure d'une lunette, que l'on liera avec de la ficelle pour empescher qu'elle ne se déroule, puis on la mettra cuire dans un bon court-boüillon : & quand elle sera cuitte, on la laissera refroidir dans ce court-boüillon pour luy en bien faire prendre le goust, apres on la tirera sur l'assiette percée pour la bien égouter, & quand elle sera toute froide, on ostera la ficelle, & on la tranchera par roësles, qui seront tres agreables à voir, & tres excellentes au goust, mangées avec le vin-aigre: on appelle cette sorte d'apprest, anguille à la galantine.

Les pastez d'anguilles ne sont mangez que chauds, & découverts, leur faisant une sauce comme celle de la casserolle.

CHAPITRE XXI.

De la Lamproye.

Elle sera tuée en luy fourrant une lardoire dans les trous des oreilles qui sont disposez comme ceux d'une flûte, on recueillira le sang qui en sortira pour faire une liaison à la sauce, & apres on la délimonera, & on l'ouvrira tout le long du ventre, pour ôter une corde qui est dans le corps le long de l'arreste, on la cuira dans la casserolle à la sauce ordinaire, avec vingt clouds de girofle, le sang de la lamproye, ceux qui aiment le sucre y en mettront; Si l'on veut on la rostira à la broche, l'arrousant de beurre, & on luy fera une sauce au poivre, cloud de girofle, sucre & canelle; elle se met aussi en paste à la mesme sauce de petits lamproyôs, habillée comme dessus, l'on en fait un pottage brun avec le sucre, la canelle, le girofle, & le boüillon du grand pot qui fournit à tous les potages.

CHAPITRE XXII.
De la Tanche.

Elle sera délimonée, ouverte, vuidée, & coupée par morceaux, pour estre cuitte à la fricassée de poulets, y mettant sur la fin les jaunes d'œufs délayez; elle entre dans tous les hachis, à cause qu'elle les rend fort delicats, par sa peau qui est tres grasse, & elle se frit aussi.

CHAPITRE XXIII.
Des Escrevisses.

Il les faut chastrer, c'est à dire leur tirer un boyau qui est dās la queuë, lequel tient à l'écaille du milieu du bout de la queuë, qui apres avoir esté tournée à demy, il faut tirer & le boyau vient au bout, apres on les fait cuire dans le cour-boüillon, celuy qui a cuit le poisson, peut servir aux écrevisses; estant cuittes on les sert à sec sur un plat, avec du persil épluché, & trempé dans le vin-aigre par dessus, pour faire un pottage d'écrivisses, on oste la grande coquille du dos, laquelle on remplit de hachis de poisson, & on épluche les pieds & les queuës, que l'on met cuire ensemble dans un pot avec le boüillon du grand pot; pour les servir on les met sur le pain mittonné, y mettant les pieds & les queuës au milieu, avec un petit bord de persil haché autour du plat.

CHAPITRE XXIV.

Des Tortuës.

POur les apprêter, il faut leur couper la teste, la queuë & les pieds: ot d'autant qu'elles les retiennét dans leur coque, & empeschent que l'on ne les peut facilement couper, pour les faire sortir, il faut leur mettre un charbon ardant sur le dos, à mesme temps elles veulent éviter cette chaleur & fuyr, & aussi tost faudra poser le cousteau sur le col, & leur couper la teste, apres on vient facilement à bout du reste; cela fait, on les fera cuire au cour-boüillon; estant cuittes on les tirera hors du chaudron on separera les écailles, & on ostera tout le dedans, qui ne consiste presque qu'en boyaux, & foye, dans lequel on tient qu'il y a plusieurs fiels qu'il faudra ôter soigneusement, puis fricasser tout à la sauce de poulets, aux œufs delayez dans le verjus, ou bien les mettre en estuvée dans un petit pot avec la ciboullette, & quand on les servira, on y espreindra un jus de citron ou d'orenge; Les œufs de tortuës sont semblables aux petits qui se rencontrent dans le corps des poulets, & sont d'un mesme goust, partant ils seront bons à mettre sur les bisques & sur tous autres mets convenables.

CHAPITRE XXV.

Des Limaçons.

JE m'eſtonne de ce que la Bizarerie de l'homme a eſté chercher juſques à ce ragouſt dépravé, pour ſatisfaire à l'extravagance de la gourmandiſe, car à quelque cuiſſon & ſauce qu'on le puiſſe accommoder, il m'eſt impoſſible de leur donner mon approbatiõ: neantmoins pour ne rien obmettre, ie diray que le vray temps de le manger eſt pendant & à la ſortie de l'hyver, auparavant qu'il ſoit décadenaſſé d'une peau qui le couvre, laquelle il rompt pour ramper ou cheminer, quand on les voudra appreſter, il faudra crever cette peau, & les mettre tremper dans le ſel & le vin-aigre pour leur faire jetter toute leur bave, les retournant & agitant afin que l'acidité les purge entierement de cette colle, apres on les fera cuire dans un bon cour-boüillon, & on les tirera de leur coquille avec la pointe d'une lardoire ou autre poinçon, puis on lavera bien la coquille, on fera boüillir les limaçons dans une sauce à l'huile d'olive, avec un peu de vin-aigre, vin & espiceries, puis on les remettra dans leur coque, on les dressera sur le pain mitonné avec boüillon du grand pot, & on versera par dessus de l'huile, cela s'appelle pottage d'escargots: on les servira aussi sans pain, avec l'huile seule par dessus: On les mettra aussi en étuvée ou fricassée, comme les poulets, les servant sans coquilles avec la sauce d'œufs au verjus, ou la créme; Estans tirés hors de leurs coquilles, on les farinera ou trempera dans la pâte de beignets, pour les frire & dresser à l'ordinaire des autres fritures, auec le jus d'orenge & le persil frit.

CHAPITRE XXVI.

Des Grenoüilles.

ON les écorche, & on ne leur laiſſe que les deux cuiſſes & l'arreſte du dos, jettant tout le reſte comme mauvais: apres on les lave bien, & on les cuit avec le boüillon du grand pot pour en faire un pottage, ou bien on les met à la fricaſſée de poulets; Ne laiſſant que les deux cuiſſes, on oſte l'os d'une, & l'on renverſe la chair ſur l'autre, puis on les trempe dans la paſte de beignets, & on les frit & ſert à l'ordinaire: cela s'appelle grenoüilles en ceriſes, à cauſe qu'au bout de l'os il ne reſte qu'un bouton comme une ceriſe, & l'os ſert de queuë.

CHAPITRE XXVII.

De la Truitte, du Saumon & du Beccar.

CEs poissons, aussi bien que ceux des deux chapitres suivans, sont d'eau douce & de mer, ne voulans un assaisonnement different, quoy qu'ils semblent de nature differente: car la truitte de riviere n'ayme que les fontaines & eaux claires, toutes contraires à celles de la mer qui sont tousiours troubles, soit à cause du sel, ou à cause de l'agitation continuelle des vents, ou de son flus & reflus: pour les preparer, on les habille & fait cuire dans un bon cour-boüillon, avec le vin rouge, puis on les sert à sec, avec le persil & autres ornemens, pour les manger au vin-aigre, ou à la sauce tournée: Les grands saumons seront ensevelis dans la serviette comme les brochets: On couppe le saumon en dales ou roëlles, pour les mettre rôtir sur le gril, les ayant bœurées & picquées de quelques clouds de girofle, puis estant cuittes des deux costez on leur fait une sauce tournée, ou à l'hypocras; On fait d'excellens pâtez de saumon & truittes, assaisonnez avec force bœure, sel, espiceries, & quelques feüilles de laurier, si l'on y veut mettre le lard pour les jours permis, ils seront encore plus excellens; & si l'on y veut passer des lardons poivrez, ils soutiendront la chair, & ne se rendra pas si en masse.

Le saumon salé sera détrempé, & on tranchera le dessus des chairs, qui n'est pas bien rouge à cause de la crasse du sel, puis on le mettra cuire dans l'Eau claire, & on le servira avec la sauce au bœure, vin-aigre, & clouds de girofle, ou bien à l'huile & au vin-aigre, quelquesuns y mettent de l'oignon haché bien delié, quand il est nouveau, c'est dire qu'il est salé de puis peu, on le fait désaler entierement, & on le rostit sur le gril l'ayant bœuré auparavāt, puis estant picqué de cloud de girofle, on le sert à la sauce au bœure, & vin-aigre comme cy-dessus, on le met aussi au courboüillon, pour le manger au vin-aigre poivré, ainsi que le frais, ou bien à la sauce tournée.

Avec du saumon salé, du hareng soret, des tanches, & autres poissons desossez, on fait des soupressis, que l'on déguise & forme en cervelas, en langues de bœuf, & autres façons, les ayant hachées bien deliées, & les assaisonnant du goust d'espiceries, qui vous agréera le mieux, puis on les forme comme l'on veut, & on les enveloppe dans un linge blanc, les liant de ficelle, pour les maintenir en leur forme, les faisant cuire dans le vin rouge, avec des oignons, quand ils seront cuits, on les laissera refroidir dans leur boüillon, & estans cuits il faudra les retirer, & on ostera le linge, & on les servira avec fleurs & laurier: les saucissons seront tranchez par roëlles, & rangez en roze sur l'assiette.

CHAPITRE XXVIII.

De l'Aloze.

ON la rôtit sur le gril, apres l'avoir vuidé, & on la mange à la sauce de beurre, vin-aigre, & sel, on y met aussi les groseille vertes, ou le verjus de grain, ou l'ozeille cuitte. On la fera aussi cuire dans le cour-boüillon pour la servir à sec sur la serviette, avec le vin-aigre dans la sauciere: & elle le met en paste comme les truittes.

CHAPITRE XXIX.

De la Plie.

ON la rôtira sur le gril, l'ayant écaillée & vuidée du boyau seulement, lequel on tire du ventre en faisant une taillade sous une nazeoire qui est prés de la teste, puis on la sert à la sauce de l'aloze ou au cour-boüillon : si l'on la veut frire, il la faudra bien sécher, & la poudrer de farine, estant cuitte on la servira avec le jus d'orenge & persil frit.

Elle se cuit aussi en casserolle à la sauce ordinaire, & il la faudra poudrer de pain rapé par dessus.

CHAPITRE XXX.

Des autres poissons plats.

LE Carelet, le Flet, & la Limande, s'appreftent en casserolle, à l'estuvée, au cour-boüillon, & à la friture ainsi que la plie.

La solle se vuide & escaille de mesme, & ne se cuit guere qu'à la friture, estant séchée & farinée : en la tirant de la poësle on la poudrera de sel avec un jus d'orenge, ou de citron, ou au moins du verjus par dessus : apres estre fritte, on l'ouvrira pour ôter l'arreste, & on la fera boüil lir sur le réchaud avec quelques morceaux d'orenge, eau & sel, puis on y mettra des petites croustes de pain sur la fin, pour boire un peu la sauce & y donner goust. On fait aussi une barbe-robert dans la poësle que l'on verse par dessus, puis on le met boüillir sur le rechaud.

La barbuë & le turbot estans vuidez & écaillez, seront cuits au courboüillon, & se serviront à sec sur la serviette, pour estre mangez au vinaigre, ou bien à la sauce tournee; On en fait de bons pastez qui se mangent chauds & froids, les petits seront cuits dans la casserolle en estuvée, sur le gril, & frits ainsi que les limandes.

CHAPITRE XXXI.

De la Dorade, des Grenots, & rangets.

Tous ces poissons se cuisent en casserolle avec la sauce ordinaire; à la fin de la cuisso, on y poudre

poudre de la mie de pain & du perſil haché : on les roſtit auſſi ſur le gril, les ayant tailladez, & frottez de beurre fondu, puis on leur donne la ſauce tournée, ou la rouſſe ainſi que je diray à la raye : On les met en paſtez deſcouverts avec le pain, & perſil poudré par deſſus.

CHAPITRE XXXII.

Des Vives.

On doit bien prendre garde avant que de les vuider par l'oreille, de couper les arreſtes qui ſont aux coings des oreilles, & deux ou trois ſur le dos, deſquelles la picqueure eſt ſi venimeuſe, qu'elle fait venir la gangrene, ſi l'on n'y remedie promptement, par les remedes ordinaires que la Medecine enſeigne, ou ſimplement en faiſant un cataplaſme avec du foye de vive, que l'on mettra ſur la picqueure, lequel eſt parfaitement bon dictame à cét accident là.

G g

On les tailladera, frottera de beurre, & roſtira ſur le gril, leur faiſant une ſauce au beurre avec du vin-aigre & muſcade, ou une rouſſe; ſi l'on ne veut y mettre le verjus de grain en la ſaiſon, ou bien les ſervir ſur l'ozeille cuitte entre deux plats avec le beurre; On fait auſſi les vives, & on les poudre de ſel avec le jus d'orenge; En pâte fine on les aſſaiſonnera ainſi que les autres paſtez découverts.

Il ſe rencontre des jours qu'il y a grande quantité de vives dans les marchez, & d'autre qu'il ne s'en trouve point; C'eſt pourquoy ſi vous en voulez conſerver pour la neceſſité, ou pour envoyer au loing, vous le pourrez en les habillant, & faiſant roſtir ſur le gril à l'ordinaire; puis eſtant bien refroidies, vous les enveloperez dans du papier brouillars, en ſorte qu'elles ne ſe touchent point, & vous les pendrez au plancher en lieu ſec: là elles ſe conſerveront pluſieurs ſemaines ſans ſe gâter: & quand on les voudra manger, il les faudra faire tremper dans leur saulce, sur un petit feu, afin qu'elle les penetre à loisir: Les truites, les macquereaux & autres poissons semblables, se pourront aussi conserver de la méme maniere, faites des essais de plusieurs, afin d'en estre tant plus certain.

CHAPITRE XXXIII.

Des Macquereaux.

EStans vuidez on les entourera de fenoüil vert en sa saison, & on les rostira sur le gril, faisant une sauce au beurre avec les groseilles vertes qui est leur vraye sauce: Quelques-uns la font roussir à la poësle: Ils sont mis aussi en pâte avec les groseilles pour estre mangez chauds, les arrestes & les restes sont mises rostir sur le gril, & servis pour ragoûter ceux qui manquent d'appetit: les macquereaux salez seront bien détrempez & cuits en eau, puis on leur fait d'une des sauces cy-dessus, ou simplement avec le beure & le vin-aigre.

CHAPITRE XXXIV.

De la Roye, de l'Ange, Chien de Mer, & autres.

CEs sortes de poissons veulent estre boüillis en cour-boüillon à la legere, fait avec eau, vin-aigre & sel, les laissant refroidir dedans, afin qu'ils en prennent bien le goust, apres on les retire, on leve les peaux & boucles, & on leur fait une sauce tournée la sauce rousse est la meilleure de toutes, laquelle se fait en coulant du vinaigre dás le beure roux tout chaud, & apres y il faudra du persil haché, que l'on cuira un peu dans cette sauce, puis on la versera par dessus le poisson.

CHAPITRE XXXV.

l'Esturgeon.

CE poisson est de plusieurs goust selon les parties de son corps qui sont ou blanches ou brunes; on le cuira en bon cour-boüillon, & on le servira à sec sur la serviette; ou aux sauces que j'ay dites cy-devant, qui y conviennent toutes; quand on le voudra servir entier, il faudra l'ensevelir, sinon on le coupera par tronçons; on en fait des hachis, & des petits pastez; En grands pastez aussi lardez d'anguille, ou de lard pour les jours permis, il est excellent chaud & froid.

CHAPITRE XXXVI.

De la Moluë, Aigrefin, & Merlan.

CES trois sorte de poisson seront cuits dans le cour-boüillon, puis servis a la sauce tournée, ou rousse, le merlan se met rôtir sur le gril; & on y fait une sauce à l'oignon roussi, avec du persil & vin-aigre; la moluë sallée sera bien destrempée, & on levera le dessus qui est saly par le sel, puis l'ayant écaillée on la mettra avec eau claire toute froide dans un chaudron sur le feu, & quand elle jettera son premier boüillon on l'écumera & on la décendra de dessus le feu, la couvrant d'un linge pour la laisser un peu reposer dans son eau: apres on la tirera & égouttera bien, & on la servira sur le rechaut avec le beurre frais sans fondre: le verjus de grain un peu cuit y est excellent: la merluë veut tremper long-temps, puis on la bat un peu, & on la fait cuire dans l'eau, apres on la sert avec une sauce à l'oignon roussi, on la frit aussi, mais cela la raconit extrémement.

CHAPITRE XXVII.

Du Hareng.

AV hareng frais vuidé par l'o-reille, écaillé & rôty sur le gril, sa sauce est le beurre fondu avec le vinaigre ou le verjus, ou bien à la barbe-robert: s'il est salé on le fera bien tremper, puis on le rostira & on luy fera une sauce comme au frais, ou on le servira sec, ou avec de l'huille, ou bien sur les pois e. étuvée dans la poësle couppé par tronçons: ou bien cuit ainsi que la moluë & pour sauce le beurre & vin-aigre.

Le hareng soret, sera dessalé dans du vin, puis ouvert par le ventre & applati pour le mettre rostir sur le dos le premier, & on le sert auec moustarde de Dijon ou commune.

CHAPITRE XXVIII.

Du Marsoin.

IL veut être cuit dans un bon courboüillon avec le vin rouge, puis on le sert à sec pour estre mangé au vin-aigre, ou à l'huille, on mettra aussi dans des petits plats de diverses sortes de sauces, pour satisfaire au goust d'un chacun; son lard mis sur les pois represente celuy de sanglier.

CHAPITRE XXXIX.

Des mulets, sardines & autres.

IL y a quantité de petits poissons de mer, dont nous parlerons bien en particulier, si je ne craignois de grossir par trop nostre Livre, vous ferez l'essay de ceux qui veulent estre rôtis; de ceux qui veulent le cour-boüillon entier, ou le simple l'eau & vin-aigre, & de ceux qui se veulent frire sans tant particulariser.

CHAPITRE XL.

Des Esplans, dits Esperlans.

C'Est le plus delicat, le plus excellent, & le seul de tous les poissons qui a bonne odeur; on le met en pottage à la matelotte, qui est que dessus le pain mitonné, on range des esplans lesquels on poudre de persil haché bié delié, puis on met le plat sur le feu, & en moins de rien ils sont cuits; il ne les

les faut point vuider, suffit de les essuyer un peu s'ils sont vieils peschez, pour les frire on les poudrera simplement de farine, & on les embrochera par les yeux avec un fil de fer, la fritture estant chaude, on les posera dedans & on les retournera pour les cuire également, estant de couleur rousse on les tirera, les laissant un peu égouter, on les dressera sur le plat, on les rangera les queues en dedans, & les testes en dehors, retirant la brochette, & on jettera un jus d'orenge par dessus; Si l'on veut y faire une sauce comme aux soles, elle n'y conviendra pas mal.

CHAPITRE XLI

De la Macreuze.

C'Est un oyseau poisson, qui en differe en rien du canard, excepté quelque peu sur le haut du bec à l'endroit du nez? Il est mis au rang des poissons, à cause qu'il a le sang froid, qui est la seule cause, qui nous fait faire distinction des alimens pour les jours gras, ou les maigres; C'est pourquoy, puis que nous en pouvons manger sans scrupule, je ne trouve aucun assaisonnement qui luy soit plus convenable que les mesmes que nous avons employez dans les canards de paillis, & sauvages, tant en pottages, fricassées, que rostis, & en paste; c'est un grand avantage pour les delicats, que d'estre soulagez de ce rafraichissement, dans la longueur d'un caresme, qu'ils trouvent si difficile à passer.

CHAPITRE XLII.

Des Anchoirs.

ON les fait dessaler dans le vin, si l'on ne les veut manger dans toute la force de leur sel, puis on leve les bandes de chair de dessus les arétes, & on les sert à l'huile, ou bien on les cuit, & fait entrer en plusieurs sauces & ragouts, mesmement à farcir le ventre des volailles rosties à la broche, ou le cochon de laict, comme aussi dans les poissons farcis, & dans les soupressis.

CHAPITRE XLIII.
De la Gelée de poisson.

POur la faire, vous prendrez des carpes, que vous vuiderez de tous les dedans, & les laverez bien; vous en osterez la langue (quoy que se soit parler improprement, d'autant que c'est le Palais de la carpe,) vous osterez aussi le cerveau, à cause qu'il est gras, & que toute graisse est nuisible à la gelée, vous les mettrez dans un pot de terre neuf, avec des tanches accommodez de mesme: si vous avez des arrestes & escailles des poissons desossez, vous les mettrez aussi avec: vous ferez boüillir le tout, puis passerez ce boüillon par l'estamine sans le presser beaucoup: apres vous le remettrez dans son pot, avec de la rapure de corne de cerf, ou bien de la colle de poisson, les faisant long-temps boüillir ensemble, & repasse-rez tout de nouveau ce jus, & pres-serez bien: puis vous le dégraisserez au mieux qu'il vous sera possible, le remettrez dans son pot, & y ad-joûterez le sucre & autre ingrediens que j'ay enseignez à celle des pieds de veau: vous gouvernant de mes-me, tant pour l'assaisonner, que pour la clarifier, couler, parfumer, & teindre en toutes sortes de cou-leurs, & blanc manger.

CHAPITRE XLIV.

Des Oüistres.

LEs meilleures & plus delicates, se font celles de cancalle, qui sont petites: les grande viennent du Bou-lonois, lesquelles sont plus dures: elles sont toutes bonnes à manger cruës, portant leur sauce dans leur escaille ou coquille, si ce n'est que l'on y mette un peu de poivre ; ceux qui les ouvriront prendront garde en destachant l'oüistre de sa coquille de crever l'eau puante, car elle infecteroit le poisson ; On les fait cuire aussi dans leur coquille apres les en avoir destachées & retournées : pour ce faire on les mettra sur le gril, avec bien peu de feu par dessous, crainte que l'écaille ne pette, & dans chaque coquille, un petit morceau de beure & un peu de poivre, quand elles seront cuittes, on y coulera un filet de verjus, on rapera un peu de muscade par dessus, avant que de les tirer, & on y poudrera un peu de rapure de crouste de pain : elles seront meilleures dans le four que sur les charbons, à cause qu'elles prennent une couleur rissolée par dessus.

Si l'on veut les mettre en estuvée on les detachera de leur écaille : on les mettra dans un plat sur le rechaud avec leur eau, (qui est la meilleure sauce que l'on leur puisse faire) du beurre, peu de poivre, de la muscade, une ciboulette, & quelques morceaux d'orenges ou citron, & on les fera bien boüillir; sur la fin de la cuisson, on y adjoustera des petites croustes de pain, qui ne soient pas brûlez; en les servant on poudrera le bord du plat avec la poudre de crouste de pain delié.

On en fricase à la poesle, faisant roussir dans le beurre de l'oignon tranché, puis on y met les oüistres avec leur eau; quand elles seront presque cuittes on y ajoûtera un filet de vin-aîgre avec du persil haché; si vous y voulez mettre de la moûtarde elle ne gastera point la sauce.

On les frit aussi, mais auparavant il les faut estendre sur une serviette mettre un peu de poivre par dessus, & les laisser quelque temps un peu se hasler, & prendre le goust du poivre, apres il les faudra fariner, ou tremper dans la paste à beignets, puis les frire, les retirer de la poesle avec l'égoutoire, puis les dresser, border le plat de persil frit, & s'épreindre une orenge par dessus.

Les oüistres que l'on vend dans des paniers peuvent aussi estre apprestez en toutes les façons que celles que l'on tire toutes vives de l'écaille, mais il les faut bien laver & délimoner auparavant, puis les laisser tremper dans de l'eau & du sel l'espace de demie heure, & apres les cuire ainsi que les autres; si elles sont bien fraisches, il ne faudra que les essuyer.

Pour conserver plusieurs jours des oüistre dans leur écaille, il ne faudra que mettre quelque chose de pesant dessus pour les empescher de s'ouvrir & perdre leur eau.

Celles que l'on confit pour garder, au sortir de leur escaille, seront mises par licts dans un pot de terre ou baril, & par dessus chaque lict on les poudrera de sel & d'un peu de poivre, quelques feüilles de laurier, de la canelle en bâton, & du fenoüil vert en graine, si l'on y veut mettre du musc, & de l'ambre, elles en seront de beaucoup plus excellentes, mais elles seront cheres : Quand on les tirera du baril, si elles sont trop salées, on les désalera un peu, & on les mangera apprestez en toutes les façons que je viens de deduire, ou avec l'huile, ou toutes seules ; de ces mesmes, on en met dans les ragousts, dans les volailles rosties, & milles autres assaisonnemens que le cuisinier jugera y bien convenir.

Des oüistres fraisches, on en fait des pottages, des pastez, & autres mets à discretion.

CHAPITRE XLV.

Des Moufles.

IL faut bien ratisser toute la roche qui y tient, puis les bien laver & mettre parboüillir dans l'eau, le sel & le persil, apres les retirer de dedans ce boüillon, oster une coquille de chacune, & les ranger sur le pain mittonné, puis prendre de leur boüillon, & destremper quelques jaunes d'œufs avec, les mettre cuire dans la poesle avec fort peu de persil haché bien menu, & verser ce boüillon sur les moules.

Si on les veut fricasser : estant parboüillies (comme j'ay dit) on les tirera de l'écaille, & on les mettra dans la poesle avec un peu de leur boüillon, du beurre, des espiceries, de la ciboule, quelque peu d'herbes fines, & sur la fin de la cuison il y faudra des jaunes d'œufs destrempez avec le verjus, ainsi qu'à la sauce aux poulets, la cresme douce y sera tres-excellente pour bien espoissir la sauce.

On les fricassera aussi à l'oignon ainsi que les oüistres, & on leur fera une sauce à la barbe-robert, ou bien sur le rechand avec la chapelure de pain, quelque peu d'anchoirs, & des champignons, mousserons ou morilles.

CHAPITRE XLVI.

Des Homars, Congres, Crabes Escrevisses de Mer, & autres Poissons armez.

Toutes ces sortes de poissons se cuisent dans le bon cour-boüillon, pour les manger au vin-aigre rosat ou simple avec le poivre.

Si l'on veut les mettre en étuvée, on les épluchera de leurs cocques, & on les assaisonnera à la sauce de poulets, les cuisant dans la poësle, ou dans un plat sur le réchaud; on en fera aussi des farces, pour estant bien assaisonnées les mettre sur la rostie de pain, ainsi que le rognon de veau.

CHAPITRE XLVII.

Des Trippes de Moluës.

Quoy qu'improprement on leur donne ce nom là, neantmoins puis que l'on en est en possession par le long-temps, ie m'accommoderay au vulgaire, & diray que pour les bien affaisonner, il faut les faire cuire dans de l'eau seule, puis les retirer avec l'égoutoire, les trancher par morceaux, & les fricasser ainsi que les pieds de mouton : si vous les voulez à l'oignon fricassé, avec la sauce à la barbe robert elles vous sembleront beaucoup meilleures.

CONCLVSION.

IE croy (mon cher Lecteur) vous avoir appris les plus agreables assaisonnemens, que nos meilleurs cuisiniers ont accoustumé de donner à toutes les viandes qui se mangent à Paris, c'est à vous à present de les mettre en pratique : mais ie vous demande de grace, de faire lecture de nostre livre avec attention, afin que si vous ne trouvez ce que vous souhaitterez en un endroit, vous le rencontriez dans l'autre : J'ay évité quantité de redites pour me rendre moins ennuyeux, ce qui m'auroit esté impossible de faire en un si petit volume que celuy-cy; si mon dessain eût été autre que de vous former le jugement, pour vous faire comprendre le goust que vous devez donner à chaque viande, & le meilleur ce me semble, est celuy auquel l'on est déja accoûtumé, à cause que l'habitude est une seconde nature: ce n'est pas que ie vueille faire passer pour loy, ce qui est en la liberté d'un chacun, mais ie suis tres-asseuré qu'en ensuivant l'ordre ordinaire, les mets en seront trouvez plus agreables, & auront moins de dégoust: Si dans cette seconde Impression j'ay encore obmis quelque sujet, j'espere reparer ma faute aux autres, & augmenter toûjours à chacune des suivantes, en cas que j'aye assez de bon-heur qu'elles soient bien receuës.

A DIEV

INSTRUCTION POVR Les Festins.

A Une Compagnie de trente personnes de haute condition & que l'on voudra traiter somptueusement, je suis d'avis que l'on face dresser une table d'autant de couverts, à la distance l'un de l'autre l'espace d'une chaise: en mettant quatorze d'un costé, une au bout d'enhaut, & une ou deux au bas: Que la table soit assez large; que la nape traîne jusques à terre de tous costez; qu'il y ait plusieurs sallieres à fourchons & porte-assiettes dans le milieu, pour poser des plats volans.

PREMIER SERVICE.

A L'entrée de table, on leur servira trente bassins, dans lesquels il n'y aura que des pottages, hachis & pannades: Qu'il y en ait quinze où les chairs paroissent entieres, & aux autres quinze, les hachis sur le pain mitonné: que l'on les serve alternativement, mettant au haut bout d'un costé un bon pottage de santé, & de l'autre costé un pottage à la Royne, fait de quelque hachis de perdrix ou faisant: apres dessous le pottage de santé un autre hachis sur les champignons, artichaux, ou autres déguisemens, & vis à vis une bisque: sous l'autre hachis, un pottage garny, sous la bisque une jacobine, ou autre, & ainsi alternativement jusques au bas bout mettant toûjours apres un fort, un autre foible.

SECOND SERVICE.

IL sera composé de toutes sortes de ragouts, comme les fricassées, les cour-boüillons, les venaisons côties, & en pâte, les pâtez en croûte feüilletée, les tourtes d'entrée, les jambons, langues, andoüilles, saucisses, & boudins, melons & fruits d'entrée selon la saison; avec quelques petits ragouts & sallades dans le milieu; sur les sallieres & porte-assiette: Le maistre d'hostel observera plusieurs sujettions necessaires: En premier lieu, il servira toûjours du costé droit, s'il se peut, à cause de la commodité de la main qui pose les plats: En second lieu, il luy faut un aide pour desservir de l'autre costé, lequel ne levera qu'à mesure qu'il servira, & ne luy laissera que quatre places de vuides: En trosiéme, il ne posera jamais un bassin chargé de grosse viandes devant les personnes plus considerables, à cause qu'il leur boucheroit la veuë du service, & que cette personne seroit obligée de dépecer pour presenter aux autres: Et en quatriéme lieu, que les plats soient si bien disposez, qu'il y en ait des forts & des foibles, d'un costé & d'autre, distance égalle, autant qu'il le pourra, mélageant si bien son service, qu'il semble qu'il n'y ait point de plats doubles, par l'éloignement de l'un à l'autre, & le changement de costé.

TROISIESME SERVICE.

IL sera tout de gros rosty, comme perdrix, faisans, beccasses, ramiers, d'indons, poulets, levrauts, lapins, agneaux entiers, & autres semblables ; mettant les orenges, citrons, olives, & les saucieres dans le milieu.

QVATRIESME SERVICE.

CE sera le petit rosty, comme beccassine, grives, aloüettes. Il y joindra aussi les fritures de toutes sortes ; & il meslangera un plat de petit rosty, avec un de frittures ; laissant les fruits & sauces du milieu sur les porte-assiettes.

CINQVIESME SERVICE.

SI l'on veut servir du poisson cuit au lard, on mettra seulement des saumons entiers, des truittes, des carpes, des brochets & des pastez de poisson ; entremeslant ces plats de fricassées de tortuës avec les écailles par dessus, & des écrevisses ; regarnissant le milieu d'orenges & citrons, s'il en manquent.

SIXIESME SERVICE.

IL sera de toutes sortes d'entremets au beurre & au lard ; de toutes sortes d'œufs, tant au jus de gigot, qu'à la poesle, & d'autres au sucre, froids & chauds ; avec les gelées de toutes les couleurs, & les blancs-mangers mettant les artichaux, cardons & sceleri au poivre, dans le milieu sur les sallieres.

SEPTIESME SERVICE.

IL n'y faudra que des fruits, en cas que la saison le permette, avec les cresmes, & peu de pieces de four, l'on servira sur les porte-assiette, les amandes & cerneaux pelez.

HVICTIESME SERVICE.

L'Issuë sera composée de toutes sortes de cofitures liquides, & seches, de massepans, conserves, & glacis, sur les assiettes, les branches de fenoüil poudrez de sucre de toutes couleurs armées de curedens, & les muscadins ou dragées de verdun dans les petites abaisles de sucre musqué & ambré.

 Le Maistre d'Hotel donnera ordre que l'on change les assiettes au moins à chaque service, & les serviettes de deux en deux.

 Pour desservir, il commencera à

DE LA CAMPAGNE. 179
lever par le bas bout, & à mesure son second levera les assiettes, les sallieres, & tout ce qui sera sur table, à la nape pres, finissant par le haut bout où il donnera à laver, pendant que son second jettera la serviette, & il décendra jusque au bas bout, rechangeant de bassin s'il est trop plein.

EN POISSON.

POur l'entrée, elle sera de bisques, & de pottages tous differens si l'on veut, d'autant que l'on peut deguiser à l'infiny.

Au second seront les carpes, & tanches farcies, les estuvées, ce qui est cuit dans la casserolle & sur le gril, avec les pastes chauds & froids.

Au troisiéme, les cour-boüillons & les poissons frits.

Au quatriéme, les entremets chauds les œufs sans sucre, & les soupressis.

Au cinquiéme, les œufs mignons

Ii 2

& autres au sucre avec les poivrades.

Au six & au sept, les fruits, patisseries, confitures, conserves & massepans, ainsi qu'aux jours de chair.

Pour ce qui est des fruits d'entrée, comme raves, melons, meures, prunes, cerizes, abricots, pesches, orenges, citrons, iallades, & autres; il les placera sur les porte-assiette, tout ainsi que j'ay dit au festin de chair, chacun dans son service convenable: Et l'on observera dans le temps que les fruits seront en abondance, de ne mettre que peu de pieces de four dans le dessert: comme au contraire, quands ils seront rares de recompenser & remplir la table de beaucoup de pieces de four.

POUR VNE TABLE RONDE OU
quarrée à douze personnes.

LA grande mode est de metre quatre beaux potages dans les quatre coins ; & quatre porte-assiettes entre deux, tirant sur le milieu de la table, avec quatre sallieres qui toucheront les bassins des potages en dedans ; sur les porte-assiettes, on mettra quatre entrées dans des tourtieres à l'Italienne, les assiettes des conviez seront creuses aussi, afin que l'on puisse se representer du potage, ou s'en servir à soy, mesme ce que chacun en desirera manger ; sans prendre cueillerée à cueillerée dans le plat, à cause du dégoust que l'on peut avoir les uns des autres de la cueiller qui au sortir de la bouche, puisera dans le plat sans s'essuyer auparavant.

Le second sera de quatre fortes pieces dans les coins, soit cour-boüillons, la piece de bœuf, ou du gros rosty, & sur les assiettes les sallades.

Au troisiéme, la volaille & gibier rosty, sur les assiettes, le petit rosty, & ainsi tout le reste.

Le milieu de la table sera laissé vuide, d'autant que le maistre d'hostel aura peine à y attraindre, à cause de sa largeur; si l'on le veut remplir on y pourra mettre les melons, les sallades differentes dans un bassin sur de petites assiettes pour la facilité de se les presenter, les orenges & citrons, les confitures liquides dans de petites abaisses de massepan, aussi sur des assiettes.

Peut estre que l'on trouvera que j'en ay dit trop peu, pour instruire amplement comme l'on souhaitteroit; mais il suffira, pourveu que l'on conçoive bien mon intention, & que l'on entre dans mes mesmes sentimens: si l'on veut moins dépencer, on reduira deux services en un, faisant choix de ce qui y conviendra le mieux; j'écris pour les hommes raisonnables comme sont ceux qui s'ingerent de la conduite des festins, qui est peut estre un des employs les plus difficiles à mettre à execution, de tous ceux auſquels l'homme s'applique, d'autant que l'on dépend de tant de ſortes de gens, differens d'eſprit & d'humeur qu'il faut à poinct nommé, & à l'heure preciſe que tout le rencontre ainſi que l'on l'a projecté, & auſſi que l'on eſt à la cenſure d'autres de plus grande condition, à qui leur peu d'appetit, ou leur mauvaiſe humeur, fera blaſmer ce qui ſeroit tres agreable aux autres, (qui ſur leur ſeul rapport de quelque plat lequel ne leur ſemblera pas bon,) n'oſeront y gouſter, crainte d'eſtre obligez d'approuver ce qu'ils improuvent, ou bien de ſe dégouſter eux meſmes, ſi par malheur l'aſſaiſonnement ne ſe rencontroit pas eſtre à leur gouſt.

Il eſt tres-neceſſaire que le maiſtre d'oſtel voye ce qui ſe paſſe dans les autres grands feſtins, afin qu'il controlle en ſon particulier, ce qu'il trouvera ne ſe pas accorder à ſon ſentiment; & auſſi qu'il y apprendra toûjours quelque nouveauté.

Pour l'ordre qu'il doit tenir en sa dépense, il sçaura la volonté de celuy qui veut traitter, & ce qu'il voudra dépenser: & reglera si bien son affaire, qu'il faut que les pieces de viande que le rotisseur fournira, ne se montent à plus haut prix d'argent que le tiers de tout le festin: & sur tout il sera soigneux de faire des memoires bien au net, & qui s'expliquent bien ainsi que j'ay déja dit cy-devant en l'Epistre que je leur ay adressée.

FIN.

www.ingramcontent.com/pod-product-compliance
Lightning Source LLC
Chambersburg PA
CBHW052031230426
43671CB00011B/1613